Virginia Stem Owens

Wo bist du nur hingegangen, Mama?

Die letzten Jahre
mit meiner demenzkranken Mutter

BRUNNEN
VERLAG GIESSEN · BASEL

Titel der amerikanischen Originalausgabe:
Caring for Mother.

Originalausgabe: Westminster John Knox Press, Louisville, Kentucky

Übersetzung aus dem Amerikanischen: Friederike Gralle
Lektorat: Renate Hübsch

FSC
Mix
Produktgruppe aus vorbildlich
bewirtschafteten Wäldern und
anderen kontrollierten Herkünften

Zert.-Nr. GFA-COC-001278
www.fsc.org

www.brunnen-verlag.de
Umschlagfoto: Plainpicture
Umschlaggestaltung: Ralf Simon
Satz: DTP Brunnen
Herstellung: CPI – Ebner & Spiegel, Ulm
ISBN 978-3-7655-1706-8

Inhalt

Eine Vorbemerkung für den Leser

Ich habe nie verstanden, welchen Sinn es hat, zu fragen: „Warum ich?“, wenn ich größere Schwierigkeiten zu bewältigen hatte. Könnte man nicht genauso gut fragen: „Warum nicht ich?“ Aber als meine Mutter an Parkinson erkrankte und sich erste Anzeichen von Demenz zeigten, da stellte ich die Frage für sie: „Warum sie?“ Wenn jemand dieses Schicksal nicht verdient hatte, dann war es meine Mutter. Sie war ein guter, großzügiger, fröhlicher, liebevoller Mensch und hatte auch so schon ein paar Schicksalsschläge in ihrem Leben erfahren. Aber „verdient“ ist eine Krankheit ohnehin nie. Wie der Regen fällt sie auf Gerechte und Ungerechte gleichermaßen. Und so plötzlich wie ein Sommergewitter fiel die Sorge um meine Mutter auf mich.

In diesem Land – und nicht nur hier – durchleben gerade viele Millionen Menschen, die meisten von ihnen Frauen, eine ähnliche Erfahrung. Und mal abgesehen von der gelegentlichen Sondersendung über das Älterwerden oder über die Alzheimerkrankheit wird wenig Notiz genommen von dieser allgegenwärtigen, geradezu unumgänglichen menschlichen Erfahrung. Ein paar Zahlen mögen dies verdeutlichen:

- Bis 2030 wird sich die Zahl der alten Menschen im Land verdoppelt haben.
- Im Moment ist die Gruppe der über 85-Jährigen der am schnellsten wachsende Teil der Älteren in der Gesellschaft.
- Im Jahr 2000 war die Zahl der über 85-Jährigen 26 Mal so hoch wie im Jahr 1900.

- Frauen sind unter den älteren Menschen stärker vertreten, vor allem unter den ältesten. Die meisten dieser Frauen sind Witwen.[1]

Diese Zahlen bleiben abstrakt, bis man – meist plötzlich und ohne viel Zeit zum Überlegen – vor die Situation gestellt ist, selbst einen kranken Elternteil pflegen zu müssen. Meine eigene Entscheidung, zu meinen Eltern zu ziehen, um meinen 80-jährigen Vater bei der Pflege meiner Mutter zu unterstützen, war eher ein Reflex als eine Entscheidung. So kommen die meisten erwachsenen Kinder, die selbst auch nicht mehr jung sind, zu ihrer Rolle als Sorgetragende. Und das, obwohl kaum ein anderes Ereignis im Leben, eine Heirat oder Inhaftierung ausgenommen, das Leben so drastisch verändern kann.

Für mich bedeutete der Umzug eine räumliche Entwurzelung und einen Karriereknick. Aber was schlimmer war: Ich musste den langsamen und schmerzhaften Persönlichkeitsverfall der Frau mit ansehen, die mein Leben lang mein Vorbild und meine Mentorin gewesen war. Kein anderes Ereignis in den sechzig Jahren meines Lebens hat meinen Glauben so tief erschüttert.

Dieses Buch deckt die anderthalb Jahre ab, die mein Vater und ich meine Mutter zu Hause versorgt haben. Dieser Abschnitt umfasst auch die Herausforderungen, mit einem Dutzend verschiedener Ärzte umzugehen, und die immer aussichtslosere Suche nach einem Heilmittel, das das Leiden meiner Mutter erleichtert hätte.

Die folgenden fünf Jahre verbrachte sie an dem Ort, von dem Kinder und Ehepartner oft schwören, dass sie nie darauf zurückgreifen werden – das Pflegeheim. Da ich fast jeden Tag mehrere Stunden dort verbrachte, hatte ich hinreichend Möglichkeit, die besonderen Bedingungen zu beobachten und zu beschreiben, die die „Pflegeheimkultur“ ausmachen.

Während dieser Jahre führte ich ein unregelmäßiges Tagebuch, vor allem um den Überblick über Arzttermine und Medikamente für meine beiden Eltern zu behalten. Ich notierte ihre

Reaktionen auf Medikamente und Therapien, immer häufiger auch meine eigenen Reaktionen, um mich davor zu bewahren, völlig durchzudrehen. Irgendwann habe ich angefangen, die Aufzeichnungen in eine erzählende Form zu bringen – in der Hoffnung, irgendeinen Sinn in dem zu finden, was mir oft genug als chaotisches Durcheinander vorkam.

Dies ist kein Selbsthilfe-Buch für pflegende Angehörige. Was ich mir von diesem Buch wünsche, ist dies: dass es eine klare und realistische Darstellung davon gibt, was es bedeutet, für einen geliebten älteren Menschen zu sorgen, wenn man als Pflegende selbst fast in die Altenkategorie fällt. Und so richtet es auch das Augenmerk auf die geistlichen Herausforderungen, denen man auf diesem Weg begegnet. Nicht wenige davon betreffen den Umgang mit der Angst vor dem eigenen zukünftigen Verfall. Ich empfinde meine Erfahrung als relativ typisch; sie waren weder der Super-GAU noch ein Sonntagsspaziergang. Ich gebe ein paar praktische Hinweise, aber mein Hauptanliegen ist es, ein bisschen Licht in einen dunklen und wenig beachteten Winkel unserer gesellschaftlichen Wirklichkeit zu bringen.

Menschen, die diesen Weg, einen Angehörigen zu pflegen, gerade erst beschritten haben, werden sich vielleicht von dem Buch überwältigt fühlen. Andere, die schon ein paar Monate oder Jahre länger dabei sind, finden es vielleicht eher tröstend, ihre eigene Erfahrung hier wiederzufinden. Vielleicht finden sie hier die Fragen formuliert, die sie selbst nicht zu stellen wagten. C.S. Lewis soll gesagt haben: „Wir lesen, um zu wissen, dass wir nicht allein sind." Deshalb könnte das Buch auch Menschen helfen, die die Aufgabe der Pflege auf sich zukommen sehen. Wenn dieses Buch ihnen hilft, ein paar der emotionalen Hinterhalte auf diesem Weg vorwegzunehmen, umso besser.

Ich habe mich bemüht, die Erscheinungsformen der Demenzerkrankung und ihrer Auswirkungen auf Betroffene und Angehörige so klar zu beschreiben, wie ich es über mich bringen konnte. Dies ist kein heiteres Buch. Aber es ist wahrhaftig. Es bringt eine Frage an die Oberfläche unseres geschäftigen, aktiven Lebens, die wir normalerweise eher unterdrücken – bis irgendein äußerer Umstand sie hervorzerrt und ans Licht bringt. Die Frage macht uns Angst, aber die Konfrontation mit der Demenz zwingt uns, uns dem Thema zu stellen: Was macht ein Lebewesen menschlich?

Ist es das Erinnerungsvermögen? Die Fähigkeit logisch zu denken? Willenskraft? Wenn uns all das genommen wird, was bleibt uns dann noch?

Natürlich ist die direktere und dringendere Frage für jeden, der mit Demenz umgeht: Wie kann ich mit dieser Person leben? Wie kann ich den Wahnsinn überstehen?

Während der fast sieben Jahre, die ich mit der Demenz meiner Mutter lebte, schien es oft, als sei sie gefangen unter den Trümmern eines Erdbebens, und als erstickten ihr gesunder Menschenverstand, ihr Interesse, ihr Humor und ihre Großzügigkeit langsam unter dem Wrack ihres zerstörten Gehirns.

Und alles, was ich tun konnte, war, neben der Lawine auszuharren und auf irgendein Lebenszeichen zu hoffen. Manchmal vernahm ich unter dem Schutt ein entferntes, aber vertrautes Echo ihrer Stimme oder ihrer Gesten. Ich wurde hektisch bei dem Versuch, zu ihr durchzudringen; wie konnte ich sie wissen lassen, dass sie immer noch geliebt wurde und einen Wert hatte? Vor allem wollte ich sie unbedingt wissen lassen, dass wir sie dort unter den Trümmern nicht aufgegeben hatten.

Die Demenz meiner Mutter war zu Anfang durch einen Schlaganfall ausgelöst worden. Später kam dann die Diagnose Alzheimer hinzu, aber nach einer Weile spielte es keine Rolle mehr, in welche Kategorie wir sie einordnen könnten. Ab einem bestimmten Punkt sehen alle Formen von Demenz gleich aus.

Nichts hat je so stark an meinem Glauben gerüttelt, den Glauben, dass es im Zentrum der Welt eine ultimative Gnade gibt, die uns liebt. Zuzusehen, wie der Geist meiner Mutter Stück für Stück zerfressen wurde, stellte auch meine Vorstellung davon, was eigentlich den Menschen ausmacht, auf eine harte Probe.

Ich habe dieses Problem noch nicht gelöst, und auch dieses Buch beantwortet die Frage nicht. Nur mit Worten ist das nicht zu machen. Manche Fragen sind so groß, dass man nur mit ihnen, in ihnen leben kann, sich durch sie hindurchleben muss. Was ich hier anbiete, ist ein Einblick in Situationen, in denen diese Fragen aufkommen, und, so hoffe ich jedenfalls, ein Weg, sie klar zu formulieren, sie in Worte zu fassen. Und so ungenügend Worte zwangsläufig bleiben müssen, sind sie doch Wegweiser auf dem Weg durch diese öde Landschaft. Andere werden dann wissen, dass schon jemand vor ihnen hier war.

Meine Worte werden die Angst nicht verringern und auch das Leid nicht mindern können. Meine größte Hoffnung ist aber, dass Sie durch die Lektüre Kraft gewinnen für ihre eigene schwere Wache. Tun Sie, was Ihnen möglich ist, um wenigstens mit Ihrer Anwesenheit Trost zu spenden, auch wenn es sonst nichts mehr zu tun gibt. Wie Überlebende eines Erdbebens, die neben den Opfern warten, die unter dem Schutthaufen gefangen sind – bleiben Sie einfach.

1

Am Ende des Buches

Alles begann mit einem Telefonanruf.

Ich rief meine Mutter normalerweise ein paar Mal pro Woche in Texas an. Sie war fast achtzig und im Jahr zuvor hatte sich herausgestellt, dass sie Parkinson hatte.

„Wie geht's dir?" Das war immer mein Anfang.

„Gut", antwortete sie dann. Sie hatte immer eine stabile Gesundheit gehabt, immer auf ihre Ernährung geachtet, hatte sich fit gehalten, war aktiv geblieben und engagiert. Meine Mutter hatte nie viel geklagt. Sie hielt durch. Sie kam zurecht. Sie war in ihrem gesamten Berufsleben nur selten krank zu Hause geblieben.

Aber heute sagt sie: „Nicht so gut", als Antwort auf meinen Standardanfang.

Mein Griff um den Telefonhörer wurde sofort fester. „Aha? Was fehlt dir?"

„Ich bin gestürzt."

„Gestürzt?", wiederhole ich. Sechs Monate zuvor war sie gestolpert, als sie sich beim Bettenmachen gebückt hatte, und hatte sich das Schlüsselbein gebrochen. Es hatte den ganzen Sommer gedauert, bis der Knochen wieder geheilt war, und die Sache hatte ihr ziemliche Schmerzen bereitet. Für Parkinson-Patienten sind Stürze eine ständige Gefahr und die Osteoporose meiner Mutter erhöhte das Risiko zusätzlich.

Meine Stimme klingt nervös, als meine Fragen sich überschlagen. „Hast du dir wehgetan? Was ist passiert? Warst du beim Arzt?"

„Ja, ich war beim Arzt“, sagt sie leicht gereizt, als hätte ich ihr den gesunden Menschenverstand abgesprochen. „Ich habe mir nichts gebrochen. Sie haben diese – wie nennt man die? Bilder … Röntgenbilder gemacht. Er hat gesagt, ich hätte innere Blutergüsse.“

Ich kann mich gerade noch zurückhalten, sie darauf aufmerksam zu machen, dass man Blutergüsse nicht auf Röntgenbildern sehen kann. „Wann warst du da?“

„Oh, das weiß ich nicht mehr.“ Immer ungeduldiger. „Mittwoch vielleicht. Ich bin erst nach ein paar Tagen hingegangen. Das Atmen fällt mir immer noch schwer.“ Auf einmal hört sich ihre Stimme an, als ob sie gleich weinen muss.

„Warum hast du mir nicht Bescheid gesagt?“

„Na ja, du hättest doch nichts tun können, oder? Und sie haben mich nicht im Krankenhaus behalten.“

Meine Gedanken schwirren durcheinander, bemerken und bewerten jede Nuance, jede Veränderung der Stimmung. Mittwoch? Heute war erst Donnerstag.

„Wann warst du noch mal beim Arzt?“

„Es war danach … irgendwann … nicht sofort. Ich dachte erst noch, es würde gehen.“

Sie klingt unsicher, was den Zeitpunkt angeht, und ich überlege, ob ich meinen Vater ans Telefon holen lassen soll. Aber er ist so schwerhörig, dass er mich nicht verstehen könnte. Ich atme tief durch. „Ich glaube, ich sollte wohl kommen, Mutter.“

„Nein, nein. Das musst du nicht. Mir geht es wieder gut.“ Trotzdem kann ich Unsicherheit in ihrem Protest hören.

„Ich will mich lieber persönlich überzeugen. Nach dem Rechten sehen.“ Ich sage es leichthin, wie im Scherz. Wir spielen oft dieses Spiel – ich als die strenge Schulmeisterin.

Aber ihre Stimme bleibt steif, sie weigert sich ihre Rolle zu spielen und sagt: „Dann ist es gut.“ Sie lässt mich wissen, das hier ist kein Scherz. Wenn man 78 ist und zerbrechliche Knochen hat, ist ein Sturz kein Scherz mehr.

In dem Jahr, als meine Mutter 70 wurde, unternahm ich mit ihr die seit Langem versprochene Reise nach Europa. Sie schlenderte durch das British Museum, kletterte die Stufen zum Anne-Frank-Haus in Amsterdam hinauf und suchte die Berghänge über Salzburg nach der Trapp-Familie ab. Die ganze Zeit über war ihr der Hunger nach diesen Schätzen am Gesicht abzulesen. Ich wollte dieser Frau die Welt geben, die sie mir erst eröffnet hatte, die Welt der Kunst und des Lernens, die die Umstände ihr verwehrt hatten.

Es war während dieser Reise, dass die ersten Zeichen, die sich dann später als Parkinson herausstellten, sichtbar wurden, auch wenn ich sie damals nicht als solche erkannte. Sie zögerte, wenn die U-Bahn-Türen sich zur Seite schoben. „Komm schon, spring!“, drängte ich sie und nahm sie beim Ellbogen. Trödlerin, nannte ich sie. Jahre später, nachdem wir herausgefunden hatten, wie die Krankheit die Reaktion ihrer Muskeln gehemmt hatte, fühlte ich mich furchtbar deswegen. Aber damals war ich einfach nur frustriert, dass ihre Bewegungen, die, egal ob an der Schreibmaschine oder am Gemüsebrett, immer rasch und sicher gewesen waren, langsam ungelenk und zögerlich wurden.

Anfangs schoben wir es auf das Alter. Letztes Jahr machte mich mein Mann, dessen Stiefmutter an Parkinson gestorben war, dann darauf aufmerksam, wie meine Mutter sich umdrehte.

„Ist es dir aufgefallen?“, fragte er, nachdem meine Eltern abends bei uns zum Essen gewesen waren. „Wenn sie sich dreht, bewegt sie ihre Füße mit diesen winzigen, ruckeligen Schritten, wie der Sekundenzeiger einer Uhr.“

Er stand auf, um es vorzumachen. „Genauso hat sich Ruth auch bewegt.“

Da fiel es mir auch auf. Der Gang von Parkinson-Patienten ist anders als das normale Schlurfen bei älteren Menschen. Im letzten Sommer hatte ich mit ihr ein paar Untersuchungen in einem medizinischen Zentrum in Houston machen lassen, um ihre zunehmenden Beschwerden zu diagnostizieren. Alle Ärzte hatten die Computerausdrucke studiert und gemeint, dass alles in Ordnung sei, abgesehen von kleinen Anzeichen von Arthritis.

Aber selbst nach Davids Beobachtung tat ich mich schwer damit, die Krankheit meiner Mutter für sie zu benennen. Sie hatte einen Schwager mit derselben Krankheit; er war bereits bettlägerig, inkontinent und seine Sprache war unverständlich.

Stattdessen fand ich einen Neurologen, der in der Heimatstadt meiner Eltern eine wöchentliche Sprechstunde abhielt, und ermutigte meine Mutter, zu ihm zu gehen. Ich drohte sogar damit, ihr selbst einen Termin zu besorgen, falls sie es nicht täte. Den gesamten Herbst und Winter über schob sie es vor sich her. Und erst ein paar Wochen, bevor sie wusste, dass ich über die Frühjahrsferien nach Hause kommen würde, rief sie mich eines Morgens an.

„Ich war bei dem Arzt, zu dem du mich schicken wolltest“, sagte sie.

„Und?“

„Ich habe Parkinson.“ Sie hielt inne. Als sie wieder anfing zu sprechen, konnte ich die Entschlossenheit in ihrer Stimme hören. „Es geht mir aber gut. Alles ist in Ordnung. Der Herr wird mir da durchhelfen.“

Ich sagte ihr, wie leid es mir tat, die Diagnose zu hören, und versicherte ihr, dass ich bald wieder nach Hause kommen würde. Trotzdem erwartete ich, dass sie dieselbe Tapferkeit an den Tag legen würde, die sie immer gezeigt hatte.

David und ich hatten schon etwas ziellos angefangen, uns darüber Gedanken zu machen, wie wohl die Zukunft aussehen würde. Ich war wütend auf mich selbst, dass ich meine Eltern nicht schon früher dazu gedrängt hatte, ihr Haus umzubauen – rollstuhlgerechte Türen, ein behindertengerechtes Bad. Aber ich hatte Angst, dass solche Vorschläge jetzt entmutigend wirken könnten, als ob wir sie gleich zu Invaliden machen wollten.

Die Überlegungen mit meinem Mann brachten also wenig mehr als Spekulationen und Besorgnis. Die Situation schien zu offen, als dass man Strategien hätte entwickeln können. Der Zustand meiner Mutter konnte gut noch einige Jahre stabil bleiben. Mein Vater könnte schon morgen einen Herzinfarkt erleiden. Jedes Szenario verlangte nach einer anderen Lösung. Wie sollte man bloß anfangen zu planen?

Ich hatte mich also damit beruhigt, Informationen über die Parkinsonkrankheit zusammenzusuchen. Fakten sammeln ist normalerweise meine Art, Dinge zu verarbeiten, meine Art, mir selbst einzureden, dass es vielleicht nicht einfach ist, die Kontrolle zu behalten, aber doch nicht unmöglich. Ich las noch einmal *Der Mann, der seine Frau mit einem Hut verwechselte* von meinen Lieblingsneurologen, Oliver Sachs. Ich bestellte *Das Parkinson-Handbuch*. Aber das war, wie die Herausgeber auf der letzten der insgesamt 21 Seiten der Broschüre zugaben, nur der Versuch einer Zusammenfassung. „Nicht alle Fakten über die Krankheit werden hier vorgestellt und es wird auch nicht auf alle Probleme ausführlich eingegangen." Wie ich feststellen sollte, war das eine leichte Untertreibung.

Meine jüngere Tochter trieb ein paar alte Ausgaben eines Parkinson-Informationsmagazins auf, das von einer Gruppe aus Kansas City herausgegeben wurde. Es war voll von Artikeln wie „Sportliche Betätigung, jetzt aber los!" und „Die Grundrechte einer Pflegekraft". Normalerweise verachte ich das Selbsthilfe-Genre, aber jetzt sammelte ich alle Fakten aus Artikeln wie „Die besten zehn Wege, mit Parkinson zu leben", die Patienten ermahnten, auf „gesunde Ernährung", „viel Schlaf" und „die richtigen Informationen" zu achten.

Gleich nach der Diagnose hatte meine Mutter damit begonnen, Bücher mit Parkinson im Titel zu sammeln. Diese enthielten meist Kapitel mit den Symptomen der Krankheit, vor allem dem Tremor, und Zeichnungen mit hilfreicher Gymnastik. Bei meinem letzten Besuch hatte ich aber festgestellt, dass diese Bücher vom Couchtisch meiner Mutter verschwunden waren.

„Waren sie nicht hilfreich?", fragte ich.

„Ach", sie winkte ab, „sie fangen alle positiv an, weißt du. Dass man nicht aufgeben darf und ein normales Leben führen soll. Aber wenn man dann zu den Kapiteln am Ende des Buches kommt", ein Schauder überkam sie, „das ist dann kein so schönes Bild mehr."

„Na", sagte ich, „dann machen wir uns darüber erst mal keine Sorgen. Wir kümmern uns darum, wenn es so weit ist."

Aber an jenem Oktobermorgen, als meine Mutter mir etwas durcheinander beschrieb, wie sie gestürzt war, erinnerte ich mich daran, dass über die Hälfte aller älteren Damen, die sich die Hüfte brachen, für immer behindert blieben. Zwanzig Prozent starben innerhalb des folgenden Jahres.

Aber das sage ich ihr nicht. Stattdessen sage ich ihr, dass ich sie lieb habe und dass ich am Wochenende heimkommen werde. Ich lege auf und nehme meine Aktentasche. Im Büro sage ich alle Termine für die nächste Woche ab und schaue nervös auf die restlichen Monate.

Ich hatte Angst, dass „es" schon so weit war und auf uns wartete.

2
Wenn es so weit ist

Unheilvoll hallte das Telefonat noch den Rest des Tages in meinen Gedanken nach, wie der erste Kieselstein, der ins Tal purzelt und eine Lawine auslöst.

Während ich an diesem Abend das Essen kochte, telefonierte ich mit der Cousine meiner Mutter in Texas. Margaret und meine Mutter waren im selben Alter und zusammen aufgewachsen, so eng wie zwei Schwestern. Die beiden telefonieren jeden Tag. Ich klemme den Hörer zwischen Schulter und Ohr und werkele in der Küche herum.

„Wie geht es Mutter?“, frage ich, sobald Margaret ans Telefon geht.

„Ach, Liebes. Hast du schon gehört?“ Ihre Stimme, die ohnehin schon hoch ist, hebt sich noch ein wenig mehr. „Es geht ihr nicht besonders gut.“

Meine Mutter, sagt Margaret, war am Montag gestürzt. Sie war in einem der ungenutzten Schlafzimmer gewesen, wo sie ihre Malsachen aufbewahrt und Geschenke für Geburtstage und Weihnachten versteckt. Sie hatte Margaret erzählt, dass sie über einen Karton gestolpert war, dann nach einer Stehlampe gegriffen und diese mit umgerissen hatte, als sie auf die Kante einer Holztruhe gefallen war. Mein Vater, der im Wohnzimmer gerade fern sah, hörte sie weder fallen, noch hörte er, als sie ihn später rief.

„Sie sagt, dass sie 15 oder 20 Minuten dort lag, bevor er sie fand“, erzählte Margaret weiter. „Sie konnte nicht allein aufstehen.“

Zwei Tage zuvor, früh am Mittwochmorgen, war Margaret vorbeigekommen, um nach ihnen zu sehen. Sie fand meine Mutter im Bett liegend vor, offensichtlich mit ziemlichen Schmerzen. Sie konnte sie schließlich überzeugen, zum Arzt zu gehen. Die Röntgenbilder zeigten keine Knochenbrüche.

„Aber sie hat sich ein paar stattliche Prellungen eingefangen", bestätigte Margaret, „alles ist lila und grün. Der Arzt hat ihr irgendwelche Pillen gegeben. Wahrscheinlich gegen die Schmerzen."

Das beunruhigt mich. Menschen mit Parkinson dürfen keine Medikamente durcheinander einnehmen.

Auch Margaret ist besorgt. „Sie hat sich ein wenig komisch verhalten. Meinte, dass sich jemand im Hinterzimmer versteckt hält, und wollte, dass ich hingehe und nachschaue. Ich habe sie gefragt, wer sich da verstecken würde und sie sagte ‚die von gegenüber'. Sie sagt, dass sie sie nachts beobachtet, wie sie Sachen in Kartons packen. Sie glaubt, dass sie etwas Illegales machen. Drogen oder so. Und jetzt glaubt sie, dass sie im Haus sind."

Ich lasse mich gegen den Küchentresen sinken, immer noch ein Messer in der Hand.

„Sie hat mir das alles zugeflüstert, während dein Vater gerade aus dem Zimmer war", fährt Margaret fort, „als ob sie nicht wollte, dass er es mitkriegt. Sie habe es ihm erzählt, er habe ihr aber nicht geglaubt. Ich fragte sie, was sie glaubte, was die Leute wollten, und sie sagte ‚uns das Haus wegnehmen'. Also fragte ich sie, was mit ihr passieren würde. ‚Sie würden uns im Wald aussetzen, schätze ich', meinte sie. Sie wollte, dass ich in das hintere Schlafzimmer zurückging, um sie zu finden."

Auf einmal spürte ich den unheimlichen Drang, loszukichern. „Und, was hast du gemacht?"

„Ich habe ihr gesagt, dass ich nachschauen würde, aber dass ich nicht davon ausging, irgendjemanden zu finden. Ich ging in das Schlafzimmer und kniete mich sogar hin, um unter das Bett zu gucken, obwohl selbst eine Dreijährige sich nicht darunterquetschen könnte, so viele Kartons wie da rumstehen."

Ich stellte mir Margaret vor, wie sie auf Ellbogen und Knien unter dem Bett nach Eindringlingen suchte, und wollte schon wieder anfangen zu lachen. „Warum um alles in der Welt?"

„Ich wusste, dass sie mich fragen würde, ob ich unter dem Bett nachgeschaut hatte, und ich wollte nicht lügen müssen."

„Das ist doch verrückt", protestierte ich. „Die ganze Sache war verrückt."

„Ja, stimmt schon. Es hat auch nichts gebracht. Als ich ihr sagte, dass niemand da war, guckte sie mich ungläubig an."

Ich holte tief Luft und versuchte nachzudenken. „Und der Arzt hat ihr Schmerzmittel verschrieben?"

„Ich glaube jedenfalls, dass es das war. Ich weiß nicht, wie viele oder ob sie überhaupt welche genommen hat. Du weißt ja, wie sie darauf achtet, keine Medikamente durcheinander zu nehmen."

„Trotzdem muss es daran liegen. Vielleicht irgendeine Reaktion auf ihr L-Dopa."

Margaret gibt mir recht und versucht beruhigend zu wirken.

„Aber warte mal", sage ich und werde mir auf einmal der Unstimmigkeit bewusst. „Wann soll das noch mal passiert sein – das mit den Menschen im Hinterzimmer?"

„Mittwochmorgen."

„Bevor sie beim Arzt war? Dann können es ja gar nicht die Schmerzmittel gewesen sein."

„Nein, dann wohl nicht." Sie scheint erleichtert zu sein, dass es mir selbst aufgefallen ist.

„Ich komme nach Hause", sage ich. „Papa kann mit so etwas nicht umgehen."

„Ich glaube, da hast du recht, Liebes", sagt Margaret, jetzt ist ihre Stimme schon fester. „Ich glaube wirklich, du solltest nach Hause kommen."

Zu Hause war 554 Meilen entfernt, eine rote Lehmstraße hinauf zum Haus auf dem Berg. Das Haus, das mein Großvater gebaut und meinen Eltern vor zwanzig Jahren überschrieben hatte. Jetzt ist es der Ort, den unsere Kinder meinen, wenn sie sagen, dass sie heimfahren – an Thanksgiving, an Weihnachten, zu Begräbnissen. Das Haus meiner Eltern ist ganz in der Nähe.

Mein Hund Tilly springt auf, sobald ich mein Haus erreiche und die Autotür aufmache. Er watet bauchtief durch die herabgefallenen Blätter. Im Innern meines Hauses vibriert die Luft unmerklich, wie die Wasseroberfläche am obersten Rand eines Glases. Die Fenster, die im Erdgeschoss alle nach Süden zeigen, sind wie lichtdurchflutete Augen, die mich ansehen und beobachten, was ich als Nächstes mache. Weil ich weiß, dass sie mich noch vor Dunkelheit erwarten, setze ich mich gleich wieder ins Auto und fahre die Straße runter zum Haus meiner Eltern.

Jedes Mal, wenn ich nach Hause komme, leuchtet das Gesicht meiner Mutter auf, als wäre ich die Vorbotin der Wiederkunft Christi. Jedes Mal. Auf dem Tisch wartet Essen auf mich, egal, wie spät ich zurückkomme. Sie hat dann den ganzen Tag vorher gekocht und geputzt und jetzt guckt sie alle paar Minuten aus dem Fenster, um zu sehen, wann unsere Scheinwerfer um die Ecke biegen.

Aber als ich heute Abend durch die Tür komme, sieht sie mich von ihrem Schaukelstuhl aus zum ersten Mal ausdruckslos an. Sie greift zum Lampentisch neben ihr, um ein Buch zurechtzurücken, ohne auch nur ein Wort zu sagen. Mein Vater erhebt sich aus seinem Stuhl und macht dabei seine üblichen Willkommensgeräusche, wartet aber wie immer ab, bis ich als Erstes meine Mutter begrüßt habe.

„Hallo du“, sage ich und beuge mich herunter, um ihr einen Kuss zu geben. Tilly jagt durch das Zimmer und versucht auf ihren Schoß zu springen.

„Oh!“, schreit meine Mutter.

Ich schimpfe mit dem Hund, befehle ihm runterzukommen, rauszugehen, sich hinzulegen.

„Schau nur, was er gemacht hat“, sagt meine Mutter und zeigt auf einen blauen Fleck zwischen ihren Mittelhandknochen, die sich wie die Rippen eines Fächers auf ihrem Handrücken abzeichnen.

„Der Fleck sieht so aus, als ob er da schon eine Weile ist, Mutter“, sage ich, nehme es auf die leichte Schulter.

„Aber es tut weh“, protestiert sie mit einer Stimme, die ich selten bei ihr gehört habe. Dann, als ob sie bemerkt, dass ihre Begrüßung nicht sehr herzlich gewesen ist, fügt sie hinzu: „Hattest du eine gute Reise?“

Ich bin gerade dabei zu antworten, als sie meinem Vater sagt, dass sie sich hinlegen will. Meinem Blick ausweichend, hilft er ihr aus dem Stuhl und führt sie den Flur entlang zu ihrem Schlafzimmer. Ich trotte hinterher. Sie sitzt auf der Bettkante und ruft, als er ihre Beine auf das Bett hievt: „Du tust mir weh.“ Er guckt mich immer noch nicht an.

Als er rausgeht, zieht sie ihr Hemd hoch, um mir die Blutergüsse von ihrem Sturz zu zeigen. Noch mal versucht sie zu beschreiben, wie der Unfall passiert war, ihren Besuch beim Arzt, die Röntgenaufnahmen im Krankenhaus. Aber die zeitliche Abfolge kommt durcheinander und sie bricht ab.

Mein Vater bringt die Wärmflasche; dann lassen wir sie schlafen.

In der Küche erzählt mir mein Vater, seine Augen sind jetzt auf das Spülwasser gerichtet, wie sie ihn in der Nacht auf den Dachboden geschickt hat, um nach einem Einbrecher zu sehen.

„Ich hab ihr erklärt, dass alle Türen abgeschlossen sind“, sagt er. „‚Wie könnte jemand auf den Dachboden gelangen, ohne dass wir es bemerken, Liebling?‘, habe ich sie gefragt.“ Er schüttelt den Kopf. „Sie hat gesagt, der Mann ist durch Luftschächte im Dach hereingekommen.“

Ich starre auf seine Lippen. Sie zittern in kurzen ruckartigen Abständen.

Er stellt die Teller zum Abtropfen hin. „Ich weiß nicht, wie man mit so etwas umgeht", sagt er und stützt seine Arme dabei am Spültisch ab. „Ich sollte dir das wahrscheinlich alles gar nicht erzählen. Ich fühle mich, als würde ich sie verraten."

„Nein, Papa", sage ich und lege meine Hand auf seinen Arm. „Ich muss es wissen."

„Es ist nicht *fair*", bringt er hervor, seine Stimme ist tränenerstickt, „es ist einfach nicht fair, dass sie so werden muss."

Fair? Ich weiß nicht, was ich sagen soll. Was glaubt er, was das hier ist – eine Fehlentscheidung vom kosmischen Schiedsrichter? Ich nehme ihn in den Arm und ich bin seltsam beruhigt, dass er ihretwegen so wütend ist.

Zurück in meinem Haus mache ich mir eine Dose Suppe heiß. Dann gehe ich nach oben, krieche unter die Heizdecke und drehe den Regler ganz nach oben. Ich zittere.

„Ich wusste nicht, dass es so schlimm ist", sage ich laut und erschrecke vor dem Klang meiner eigenen Stimme.

Aber es würde noch schlimmer werden. Und es war gut, dass ich damals nicht wusste, wie schlimm genau.

3
Was ist normal?

Es ist jetzt Sonntagmorgen nach meiner langen Fahrt hierher. Ich zwinge mich aufzustehen und trödele beim Frühstück. Dann pfeife ich Tilly und mache mich auf den Weg zu meinen Eltern.

Mein Vater, der wieder Geschirr spült, hört nicht, wie ich hereinkomme. Ich gehe auf Zehenspitzen zum Schlafzimmer. Mutter schläft und macht pflückende Bewegungen mit ihren Händen. Sie fängt an zu reden, aber ich kann nicht verstehen, was sie sagt. Kurz darauf wird ihr Atem ruhig und sie scheint in eine tiefere Schlafphase zu fallen. Ihre Hand bewegt sich nicht mehr. Ihr Mund ist offen, sie atmet geräuschvoll.

Ich gehe wieder in die Küche und trockne das Geschirr ab, das mein Vater in den Geschirrständer stellt. Er erzählt, wie oft sie ihn in der letzten Nacht dazu gebracht hat, aufzustehen.

„Sie hat darauf bestanden, dass es im Hof brennt", sagt er. Er schüttelt den Kopf.

Ich stelle das letzte Glas weg und sehe dann, dass meine Mutter in der Küchentür steht.

Sie runzelt die Stirn und ich denke erst, dass sie die Bemerkungen meines Vaters gehört hat. Dann sagt sie: „Bist du schon lange da?"

„Nein, ich bin gerade erst gekommen, Mutter."

„Ich habe ein Geräusch gehört. Und als ich hinausgeschaut habe, spielten da zwei Mädchen im Vorgarten."

Ich werfe kurz einen Blick auf meinen Vater. Er hält den Blick starr auf das Spülwasser gerichtet.

Das Gesicht meiner Mutter leuchtet auf, als sie fortfährt. „Ich dachte, ach du meine Güte, sie hat Audrey und Esther mitgebracht." Meine beiden jüngsten Enkeltöchter.

„Nein", sage ich, diesmal etwas lockerer, und übernehme die Strategie meines Vaters, der entschlossen zu sein scheint, es zu ignorieren. „Ich fürchte, du musst mit mir vorliebnehmen."

Am Montagmorgen rufe ich ihren Hausarzt an, denselben, zu dem sie und mein Vater seit zwanzig Jahren gehen.

Ich habe das dringende Bedürfnis nach mehr Informationen, nach aktuellen Fakten aus erster Hand. Aber ich kenne die Verhaltensregeln für solche Situationen nicht so genau. Wird der Arzt mir überhaupt etwas über den Befund meiner Mutter sagen? Als ich ihm erzähle, dass ich nur eine Woche da bin, ist er bereit zu reden.

„Sie scheint manchmal zu halluzinieren", sage ich ihm und gebe ihm gleich ein paar Details.

„Mm-hmm, mm-hmm", wirft er dazwischen und will mich zum Punkt bringen.

„Also habe ich mich gefragt, ob die Halluzinationen vielleicht Nebenwirkungen der Medikamente sind", sage ich schließlich, meine Stimme klingt hauchig – weswegen? Schuld? Scham?

Mit einem langen, wohlbedachten Seufzen sagt er: „Nein. Nein, es ist nichts, was ich ihr gegeben habe. Ich war bei ihr im Krankenhaus, wissen Sie, und alles, was ich ihr gegeben habe, waren Schmerzmittel. Und davon auch nur vier oder fünf. Die sind mittlerweile bestimmt schon weg."

Ich stelle Fragen nach den Medikamenten für Parkinson, die ihr von ihrem Neurologen verschrieben wurden, aber dann verstumme ich, weil mir klar wird, dass er die Frage einfach an den anderen Arzt weitergeben wird.

„Sie schien allerdings etwas deprimiert", fährt er fort, „also habe ich ihr eine Probepackung Paxil verschrieben, ein Antidepressivum. Sie muss es nur einmal pro Tag nehmen, aber es dauert etwa zwei Wochen, bevor sie Auswirkungen merkt."

„Ich verstehe“, sage ich und verstehe überhaupt nichts. Keiner meiner Eltern hat Paxil erwähnt.

„Ich habe Veränderungen gegenüber den letzten Malen bemerkt, bei denen ich sie gesehen habe“, fährt der Arzt fort, als wolle er seine Gründlichkeit unter Beweis stellen. „Sie scheint Gewicht zu verlieren.“ Er macht eine kleine Pause und kommt dann zu meiner eigentlichen Frage zurück. „Die Halluzinationen, die sind nur ein Resultat der Verschlechterung durch ihre Parkinson-Erkrankung. Sollte es schlimmer werden, sollten wir eventuell einen Psychiater hinzuziehen.“

Ich lege auf. Einen Psychiater? Meine Mutter? Bestimmt.

Sie hat in den letzten paar Jahren zugegeben, dass sie sich bedrückt fühlte. „Zugegeben“ war hier das Schlüsselwort, als ob Schwermut ein Verbrechen wäre. Zu einem Psychiater zu gehen wäre für sie gleichbedeutend damit, sich einweisen zu lassen. Schuld zuzugeben. Obwohl sie gelesen hatte, dass L-Dopa, ihr Parkinson-Medikament, Halluzinationen herbeiführen kann, wäre das bei ihr noch lange kein Grund, auch welche zu haben. Genauso wie ein niedriger Serotoninstand keine Entschuldigung für eine Depression ist.

Später frage ich sie nach den Paxil-Proben, die der Arzt ihr gegeben hat.

„Diese Dinger?“, sagt sie naserümpfend und lässt sich nicht einmal dazu herab, sie beim Namen zu nennen. „Ich habe sie in den Müll geworfen.“

Obwohl sie lange als Arzthelferin gearbeitet hatte, traute meine Mutter Medikamenten nie ganz über den Weg. Wenn es irgendwie möglich war, ließ sie lieber der Natur ihren Lauf. Was normal und was nicht normal ist, bleibt für sie eine metaphysische Frage. In ihrem eigenen Wortgebrauch bezieht sich „natürlich“ auf die Schöpfungsordnung, die im Großen und Ganzen Gottes Absichten für die Welt ausdrückt. Gesundheit bekommt man, wenn man sich innerhalb dieser Ordnung bewegt. Sie zu verletzen, schadet uns selbst. Diese Philosophie hat ihr siebzig Jahre lang gut gedient. Bis vor Kurzem waren ihre einzigen Krankheiten Erkältungen und Grippe gewesen.

Meine Mutter hatte sich immer strikt gegen eine Hormontherapie für ihre Osteoporose gewehrt. Für sie war es gegen die natürliche Ordnung, nach der Menopause eine fremde Version von Östrogen im Körper einzusetzen. Der Körper, sagte sie damals, hört aus einem bestimmten Grund auf, Östrogen zu produzieren: damit du nicht weiter Babys bekommen kannst, wenn du nicht mehr in der Lage dazu bist, auch für sie zu sorgen. Die Hormone auf dem Stand einer 20-jährigen Frau zu halten, das steht nicht im Einklang mit den Absichten der Natur. Der Körper wird dadurch ganz offensichtlich aus dem Gleichgewicht geworfen. Das kann nicht gut sein.

Verborgen im Mittelhirn liegt ein Stück dunkles Gewebe, das Substantia nigra genannt wird und dessen Aufgabe es ist, Dopamin zu produzieren, einen Neurotransmitter, der Informationen vom Gehirn über die Nervenbahnen bis zu den Muskeln überträgt.

Sobald wir biologisch gesehen unsere Reife erreichen, fangen die Zellen der Substantia nigra schon an, jährlich um etwa vier Prozent abzusterben. Jedenfalls, wenn wir gesund sind und unser Körper in normalem Maße verfällt. Aber bei einer Person mit Parkinson sterben die Zellen sehr viel schneller ab. Parkinson-Patienten haben meistens schon siebzig Prozent der Substantia nigra verloren, wenn sie die Diagnose erhalten.

Dieser Zustand wird eindeutig als Krankheit bezeichnet. Aber er passt nicht in das Krankheitsschema meiner Mutter. Sie sieht Krankheiten als Invasion fremder Eindringlinge – Keime, Bakterien, Viren. Dieses Konzept eines fremden Erregers ist wichtig, wenn man Krankheiten „bekämpfen“ will. Aber was, wenn es keinen Eindringling gibt, den man angreifen kann, keinen Feind, den man töten kann? Selbst Krebspatienten haben aggressive Zellen, die vergiftet oder bestrahlt werden können. Im Fall meiner Mutter funktionieren diese Kampf-Metaphern nicht. Es gab keinen Fremdkörper, den man hätte bekämpfen können. Es ist ihr eigener Körper, der sie im Stich lässt. Sie kann auch keinen „Sieg“ erwarten, da es weder Heilmittel noch einen Auslöser für die Krankheit gibt. Der innerste, essentiellste Teil ihres Körpers – ihr Gehirn – war dabei, aufzugeben, Zelle um Zelle, und machte es ihr damit noch schwerer zu verstehen, was mit ihr passierte.

Dass sie nicht in der Lage war, ihren sich verschlimmernden Zustand auf einen bestimmten Ursprung zurückzuführen, hat in meiner Mutter ein unbestimmtes Schuldgefühl ausgelöst. Sie fragt sich immer wieder, welches Essen, welche Chemikalien im Trinkwasser, welche mysteriösen durch die Luft übertragbaren Fremdkörper ihren Zustand verursacht haben. Was hat sie falsch gemacht oder welche Pflicht hat sie vernachlässigt? Wo hat sie den Fehler begangen? Was hätte sie anders machen können?

Sie besteht darauf, dass es einen Grund dafür geben muss, warum es ihr so geht. Wenn sie nicht die Regeln gesunden Lebens verletzt hatte – vielleicht hatte sie dann auf einem anderen Gebiet versagt? In ihren dunkleren Stunden vermutete sie, dass sie für eine moralische oder geistliche Übertretung bestraft wurde.

Dass schlicht und ergreifend der pure Zufall sie ausgewählt haben sollte, Opfer dieser Zumutung zu sein, kann sie nur schwer annehmen. Sie würde sich lieber schuldig fühlen, als in einem Universum des Zufalls zu leben. Verantwortlichkeit ist schließlich der Preis, den man bezahlt, wenn man daran glaubt, dass eine Ordnung das Universum regiert. „Natürlich“ meint, dass es einen Grund geben muss. Das Prinzip von Ursache und Wirkung verlangt nach einer kosmischen Gegenleistung.

Gekrümmte Wirbelsäulen und gebrochene Hüften sind für Frauen nach der Menopause wahrscheinlich genauso natürlich wie eine Schwangerschaft für postpubertäre Frauen. Im Alter meiner Mutter ist der Tod, nicht das Leben, das natürliche Ziel. Die Natur lässt deine Knochen schwinden, um dich loszuwerden. Es ist der Weg der Natur, uns zur Tür zu begleiten. Wenn man lange genug fragt: „Was ist natürlich?“, dann wird die Antwort irgendwann lauten: „Der Tod.“

Genauso wie Hormontabletten waren auch Antidepressiva nicht „natürlich“. Geistes- und Gemütszustände waren eine Frage der Selbstdisziplin oder Willenskraft. Halluzinationen anzuerkennen hieß für meine Mutter, dass sie ihre Verantwortlichkeit aufgegeben, Kontrolle über sich selbst verloren und dass ihre eigene Seele irgendwie versagt hatte.

Weder an diesem Tag, noch an einem der folgenden erwähnte meine Mutter mir gegenüber die Menschen, die in ihr Haus eindrangen. Mitten in der Nacht schickte sie meinen Vater die Klappleiter im Flur hoch, um die Männer mit den Teereimern auf dem Dachboden zu finden. Sie erzählte sogar Margaret von den Dachbodeneindringlingen. Aber aus irgendeinem Grund versuchte sie sie vor mir geheim zu halten.

Hatte sie Angst vor meiner Reaktion? Wollte sie mich schonen? Sich selbst schützen? Gab es immer noch etwas in ihr, das ihr sagte, dass ihre Ängste unbegründet waren oder wenigstens fehlgeleitet, und schämte sie sich deshalb?

„Wahnhaft“ war das Wort, das ich gegenüber Außenstehenden zu benutzen begann, um den Geisteszustand meiner Mutter zu beschreiben. Der Begriff schien mehr einzuschließen als einfach nur Halluzinationen, die chemisch erzeugten Wahrnehmungsformen, die ich aus den Siebzigern kannte. Wahnhaft implizierte eine gewisse narrative Struktur, die den visuellen Verirrungen zugrunde lag. Eine Geschichte, die von ihrer Sorge und Angst geformt wurde. Halluzinationen sind zufällig, wie Wolken am Himmel. Wahnvorstellungen kommen aus dem Inneren. Halluzinationen können rein chemische

Erscheinungen sein. Wahnvorstellungen sind metaphysischer Natur.

Natürlich benutzte ich keinen der beiden Begriffe in Gegenwart meiner Mutter.

Wie gesagt, meine Verarbeitungsstrategie war es, Informationen zu sammeln, die Welt nach Fakten zu durchkämmen. Die Strategie meiner Mutter war es, ihr System der inneren Logik in Gang zu setzen und bis zum innersten Kern ihrer philosophischen Grundannahmen vorzudringen.

Ich war empirisch, induktiv; sie war deduktiv und arbeitete mit Grundsätzen. Die Diskrepanz zwischen diesen beiden Verarbeitungsweisen ließ in den kommenden Monaten eine Kluft zwischen uns entstehen. Denn egal wie viele Fakten ich zusammentrug, über Medikamente, Hirnphysiologie, chemische Reaktionen, sie blieb bei ihrem Glauben an das unbeschreibbare, unangreifbare Selbst, an eine andauernde persönliche Identität. Und diese zu bewahren, das war letztlich das Ziel der ganzen Anstrengungen.

Am Ende meiner ersten Woche zu Hause bemerkte ich auf einmal eine merkwürdige Veränderung in meinem eigenen Bewusstsein. Auf einmal hörte ich auf, Unterlagen anzuhäufen. Ich steckte alle Informationsblätter und Bücher über Parkinson in einen Aktenordner und ignorierte sie. Selbst wenn ich mal zu lesen anfing, ergaben die Worte vor meinen Augen keinen Sinn mehr. Mein Gehirn wich vor den Fakten über die Krankheit meiner Mutter zurück wie vor einem glühenden Schürhaken. Ich lief mit Tilly über die Felder zu meinem Haus zurück, die Treppe zu meinem Schlafzimmer hoch und legte mich auf den Boden. Manchmal starrte ich auf die Äste vor dem Fenster, die jeden Tag karger wurden. Dann schloss ich die Augen und schlief.

Aber ich las nicht. Ich suchte auch nicht im Internet nach Parkinson-Seiten. Ich dachte noch nicht einmal viel nach. Ich schien irgendwie die Kraft verloren zu haben, geradeaus zu denken. Es war fast unmöglich, einem linearen Gedankenstrang zu folgen, wahrscheinlich, weil ich an mehrere Sachen gleichzeitig dachte – oder es wenigstens versuchte. Die Vergangenheit, die Zukunft. Kansas, Texas. Eltern, Kinder, Ehemann, Enkel. Arbeit, Geld, Zeit. Keine gerade Linie verband all diese Punkte. Stattdessen entzündete sich gegen den dunklen Himmel meiner Gedanken ein Feuerwerk.

Ich musste mich ständig an die alltäglichsten Aufgaben erinnern und mir mentale Notizen dafür machen. „Vergiss nicht, dass du die Autoschlüssel hier hingelegt hast“, murmelte ich mir selber zu, als ich sie in die Schale auf dem Klavierhocker fallen ließ. Oder: „Wenn du aus der Haustür gehst, versuch dich zu erinnern, ob du auch den Ofen ausgeschaltet hast.“ Trotz dieser Strategien verbrachte ich Stunden damit, nach Schlüsseln zu suchen. Einmal kam ich zurück in ein Haus voller Rauch – ich hatte vergessen, einen Topf vom Herd zu nehmen.

Der Topf war nicht das Einzige, was angebrannt war. Ich konnte spüren, wie auch meine Nerven schmorten. Der Qualm schnitt Synapsen ab. Mein Nervensystem war angesengt; vor meinem inneren Auge sah ich die schwarzen Rückstände, die die Kontaktpunkte verstopften.

Ich lag auf dem Schlafzimmerboden, wartete darauf, dass das Blut sich durch meinen Körper pumpte und die angekohlten Stückchen wegspülte, damit ich wieder funktionieren konnte. Mehr als einmal dachte ich, dass ich auch Parkinson hätte, trotz all meines Wissens darüber, dass die Krankheit nicht ansteckend oder, außer in wenigen Fällen, direkt vererbbar ist.

Mehr und mehr wurde mir deutlich, wie flüchtig Fakten sind, wie wenig sie bedeuten, wenn die Zitadelle des Selbst bedroht ist. Denn das Selbst ist die zentrale Gewissheit, der Magnet, an den sich alle Fakten anschmiegen. Es ist die Grundlage, auf der all unsere verschiedenen Wirklichkeiten aufbauen. Ohne dieses Selbst gibt es keine Möglichkeit, Fakten auch nur wahrzunehmen, geschweige denn zu interpretieren. Descartes hätte seine berühmte Erkenntnis umgekehrt formulieren sollen: „Ich bin, also denke ich." Meine Mutter spürte, wie sich dieser innerste Kern in ihr auflöste, und das erschreckte sie zutiefst.

Und mich ebenso.

Meine Mutter war die Grundlage jeder Schlussfolgerung über mich selbst. Es war schließlich ihr Körper, aus dem ich hervorgegangen war. Natürlich wusste ich, empirisch gesehen, dass sie am 30. März 1920 in Lovelady, Texas, geboren war. Aber ich sah sie auf einer tieferen Ebene, als eine Art Archetyp, der existiert hatte, bevor meine Welt gegründet wurde.

Ich hatte nie eine Zeit ohne sie gekannt. Ich konnte vielleicht intellektuell begreifen, dass die Zeit kommen würde, in der sie aus meiner Welt verschwand. Und ich konnte ihre Abwesenheit akzeptieren – oder zumindest lernen, sie zu akzeptieren. Aber ihr Verfall, der langsame Abbau ihres Selbst? Und wenn sie, die Grundlage meiner Existenz, splitterte und zerbrach, was bedeutete das dann für mich? Wenn irgendeine Zentrifugalkraft ihren Verstand ins Weltall hinausschleudern konnte, wie konnte ich dann darauf hoffen, dass ich heil bleiben würde? Wenn das Selbst sich auflöste, was brachte mir dann noch eine Welt der Fakten?

Am Tag, bevor ich nach Kansas zurückfahren wollte, offenbarte mir meine Mutter schließlich ihre Halluzinationen. „Hör zu", sagte sie bei meinem mittlerweile täglichen Morgenanruf, „wenn du rüberkommst, dann pass auf. Sie haben hier draußen überall Teer ausgekippt."

Ich wusste nicht, wie ich antworten sollte.

„Ich will einfach nicht, dass Tilly Teer in ihr Fell kriegt." Ihre Stimme spannte sich an. „Es wird hier jede Nacht schlimmer."

„In Ordnung", sagte ich. „Ich werde aufpassen." Ich drücke auf den Auflege-Knopf am Telefon und bleibe mit dem Hörer in der Hand sitzen. Dann rufe ich im Büro an und hinterlasse eine Nachricht, dass ich morgen nicht nach Kansas zurückkomme.

Es ist Abend, bevor ich David in Kansas erreiche. „Ich hab

einfach das Gefühl, dass ich sie jetzt nicht allein lassen sollte. Papa wird ja nur noch von ihr herumkommandiert. Er versteht nicht wirklich, in was für einem Zustand sie ist."

„Mach dir keine Sorgen", meint David. „So nahe, wie ihr beiden euch steht, hilft ihr einfach schon deine Anwesenheit."

„Danke", sage ich.

„Wir sollten das hier nicht nur als Opfer oder Pflicht sehen", sagt er. „Das ist die Arbeit, die du jetzt machst. Für jetzt ist das eben deine Aufgabe. Deine Berufung."

Ich gehe zum Haus meiner Eltern und sage ihnen, dass ich am nächsten Tag doch nicht wegfahre. Meine Mutter ist im Bett. Haarbüschel stehen ihr wild vom Kopf ab. Ihre Augen sind eingesunken und dunkel umrandet.

Ich setze mich neben sie und zum ersten Mal erzählt sie mir von den Männern auf dem Dachboden mit den Eimern voller Teer.

„Wie um alles in der Welt konnten die denn da hinaufkommen?", platzt es aus mir heraus.

„Sie kommen durch die Lüftungsschlitze am Ende des Daches."

Ich schließe meine Augen und schüttele den Kopf.

Ihre Augen werden schmaler. „Dein Vater hat gesagt, er hat da oben niemanden finden können, aber als er herunterkam, hatte er schwarzes Zeug an seinen Füßen."

Ich sitze ganz still. Die Wand, die sie errichtet hatte – entweder um mich oder um sich selbst zu schützen –, hat einen Riss bekommen.

Schließlich sagt sie: „Ich weiß, dass du glaubst, dass ich lüge."

Lügen? Warum sagt sie lügen und nicht: dass ich verrückt bin? „Nein, Mutter, ich glaube nicht, dass du lügst …" Ich nehme ihre Hand. „Ich glaube, dass du gerade sehr viel Angst hast und dich unsicher fühlst. Und so drückt sich das eben aus."

Dann, wie um sie zu beruhigen, sage ich: „Ich habe meine Pläne geändert. Ich fahre morgen doch nicht weg."

Ich kann auf ihrem Gesicht sofort die Erleichterung sehen. Trotzdem macht sie einen kläglichen Versuch zu protestieren. „Aber du musst doch arbeiten."

„Das hier ist wichtiger. Und außerdem", ich versuche fröhlich zu lächeln, „bin ich gerne hier, in meinem Haus auf dem Hügel."

Sie seufzt. „Ich wünschte, ich wäre auch dort."

Ich lege mich neben sie und sehe sie an, während sie unruhig schlummert. Vielleicht, überlege ich, hilft es ihr, wenn wir über ihre Ängste sprechen.

Als sie aufwacht, frage ich sie: „Hast du Angst davor, das Haus zu verlieren, Mutter?"

„Nein, nicht wirklich", antwortet sie ruhig. Sie mag es, dass ich bei ihr liege. Sie klingt ganz wie früher.

Noch einmal hole ich tief Luft und merke, wie mein Brustkorb sich langsam entspannt. Sie klingt so normal, so rational, ohne Angst in der Stimme. Vielleicht habe ich ihre Demenz auch größer gemacht, als sie ist. Vielleicht sind diese Phasen der Verwirrung auch nur vorübergehend.

„Gut", sage ich. „Das ist gut. Freut mich zu hören."

Sie seufzt. „Es ist nur eben so, dass wir diese Erfahrung noch nie gemacht haben", fügt sie sachlich hinzu, „dass Leute einfach so in unser Haus eindringen."

Mein Bruder kommt im folgenden Monat aus Santa Fe, um meinen Platz einzunehmen, damit ich Thanksgiving mit David und unseren Töchtern verbringen kann. Mein Bruder macht einen Truthahn und einen tiefgefrorenen Kürbiskuchen für das Festtagsessen.

Als ich zurückkomme, sitzen all drei – meine Eltern und mein Bruder – in meinem Wohnzimmer und schauen sich ein Footballspiel an. Mein Bruder sieht aus, als wäre er im Krieg gewesen. Er sieht starr auf den Bildschirm, die Muskeln in seinem Kiefer angespannt.

Besuche meines Bruders haben meine Mutter immer gefreut. Aber nicht dieses Mal. Ich merke, dass meine Mutter ihn kaum ansieht. Sie sieht dünner aus und die Haut um ihre Augen ist dunkel. Ihr Haar müsste gewaschen werden. Sie durchkämmt es immer wieder mit ihren Händen, sodass es auf der einen Seite ganz flach liegt.

Als ich in die Küche gehe, um Tee zu kochen, folgt mir mein Bruder.

„Sie hat sich geweigert, ihr Ativan zu nehmen, während du weg warst", flüsterte er atemlos. „Sie hat gesagt, dass sie keine ‚Drogen' nehmen will. Ich hab sie gefunden, wie sie weinend auf ihrem Bett saß. Keiner glaubt ihr, sagt sie. Dann erzählt sie mir, dass die Leute von gegenüber in Schmuggelgeschäfte verwickelt sind." Er reibt sich die Stirn.

Ich nicke und lasse Wasser in den Kessel laufen. So muss ich mich also anhören, wenn ich Margaret von den neuesten Vorfällen berichte, drängend und verletzt durch die Irrationalität meiner Mutter.

„Ach so, und es wird auch Giftgas in ihr Schlafzimmer gepumpt. Heute Morgen hat sie auf das Kopfkissen gezeigt und gesagt, ‚Riech das mal. Wirst schon sehen.'"

Ich schüttele den Kopf, warte, dass das Wasser anfängt zu kochen.

„Ein anderes Mal habe ich sie auf allen vieren mitten auf ihrem Bett gefunden. ‚Schau mal', hat sie gesagt, ‚siehst du die Schlange da?' Ich hab das Telefonkabel hochgehoben und gefragt: ‚Meinst du das hier?' Aber sie hat einfach weggeguckt, als ob sie es ignorieren wollte." Er nimmt den Becher, den ich ihm reiche. „Sie muss heute Abend ihre Medizin nehmen. Wir brauchen alle mal ein bisschen Schlaf."

Nachts hat sich Tilly an meinen Rücken gekuschelt und ich denke an jene Kapitel am Ende der Parkinson-Bücher meiner

Mutter, von denen sie mir vor ein paar Monaten erzählt hatte. Die Bücher mit den schlechten Nachrichten, wegen denen sie aufgehört hatte, über ihre Krankheit zu lesen.

Waren wir schon dort angelangt? Waren wir jetzt bereits am Ende des Buches?

4
Medizinmänner

Obwohl die Parkinson-Krankheit heute nicht mehr selten ist, war der Zustand meiner Mutter nicht genau diagnostiziert worden, trotz der vielen Besuche in einem der besten medizinischen Zentren des Landes. Am Ende der wochenlangen Tests waren die Ärzte immer noch ratlos.

Aber ein junger Neurologe, der gerade seine erste Praxis in gemieteten Büroräumen aufgemacht hatte, brachte die Diagnose auf den Punkt, nachdem er nur fünf Minuten beobachtet hatte, wie meine Mutter lief, sich umdrehte und ihre Nase mit dem Zeigefinger berührte.

Seit einigen Jahren hatte ich die medizinische Kultur nun schon beobachtet, während ich in Wartezimmern saß, Krankenblätter für meine Eltern ausfüllte, neben ihnen in Behandlungszimmern, in Notarztnischen und auf Intensivstationen stand. Ich hatte in ihrem Namen Vollmachten unterschrieben und auf Monitore geschaut, die ihre Testergebnisse aufzeichneten, also kann ich verstehen, dass es nicht immer leicht ist, eine Diagnose zu stellen. Jeder Spezialist bekommt ja nur einen Teil des Patienten, um damit zu arbeiten.

Der Körper des Patienten ist auf die verschiedenen Fachärzte aufgeteilt, die alle so peinlich genau auf ihre Grenzen bedacht sind wie Nationalstaaten auf dem Balkan. Der Neurologe meiner Mutter bekam das Gehirn. Der Orthopäde bekam ihre Knochen und der Dermatologe ihre Haut. Der Kardiologe meines Vaters kümmerte sich um sein Herz, sein Urologe um seine Prostata.

Mit der Zeit machte ich Termine mit, begleitete meine Eltern zu und überprüfte die Rechnungen von insgesamt zwölf verschiedenen Ärzten. Und die waren so auf ihr eigenes Fachgebiet konzentriert, dass sie sich nie über Probleme in anderen Zuständigkeitsbereichen erkundigten. Und wenn ich nicht darauf bestand, machten sich die meisten auch nicht die Mühe, herauszufinden, ob die Medikamente, die sie verschrieben, vielleicht mit denen von anderen Ärzten kollidierten. Kein Wunder, dass Diagnosen schwierig sind. Mediziner werden auf ihr Fachgebiet eingeschworen, aber sie arbeiten in einer globalen Gemeinschaft.

Ich wurde zu so etwas wie einer Expertin in Sachen Klinikkultur, während ich die Medizinmänner beobachtete, die die verschiedenen Beschwerden meiner Eltern behandelten. Da gab es nicht nur Dr. S., den Allgemeinarzt, sondern auch Dr. P. und Dr. M., den ersten und zweiten Neurologen meiner Mutter, Dr. L., den Kardiologen meines Vaters, Dr. R., den Rheumatologen meiner Mutter, Dr. K., den Urologen meines Vaters und Dr. H., den Dermatologen, sowie mehrere Chirurgen mit Gastauftritten und einen Psychiater, der so schnell auftauchte und wieder verschwand wie ein Sommergewitter.

Dr. P. trug Slipper mit Quasten, gestärkte Hemden und ein Handy in seiner Tasche. Er praktizierte Medizin, wie ein Börsenmakler mit Termingeschäften handelt. Schnell und dynamisch.

Wir gingen alle zwei Monate zu Dr. P. Meine Mutter erwartete seine Termine wie Prüfungen, bei denen sie Angst hatte zu versagen. Als ich kam, um sie zur Arztpraxis zu fahren, traf ich meinen Vater wie üblich in der Waschküche an, in der er Zuflucht suchte.

„Sie hat die erste Pille des Tages schon wieder ausgespuckt, zusammen mit ihrem Frühstück“, erzählte er mir an einem Morgen. Im Schlafzimmer finde ich meine Mutter, ab der Hüfte nackt, weil sie ihre Kleidung beschmutzt hat, als sie sich übergeben musste.

„Ich brauche etwas zum Anziehen", blafft sie mich an. „So kann ich nicht gehen."

„Wir finden schon was", sage ich und schiebe die Kleiderbügel in ihrem Schrank zur Seite, um einen Rock zu finden, der zu der Bluse passt, die sie trägt.

„Ich glaube, ich habe hohen Blutdruck", meint meine Mutter, als wir im Auto sitzen und auf dem Weg in die Stadt sind.

„Na ja", sage ich zurückhaltend, „wir werden ja sehen, was der Arzt denkt."

Dr. P. kommt ins Behandlungszimmer, seine Halbschuhe klackern auf dem Kachelboden. „Wie geht es Ihnen heute?", fragt er, kritzelt etwas auf sein Clipboard und vergisst sein übliches Händeschütteln.

„Das sollen Sie mir doch sagen", sagt meine Mutter halb scherzend, halb empört wegen seines Mangels an guten Manieren.

Ich lächele. Er nicht.

Ich versuche die Pause zu nutzen, um ihm zu erzählen, dass sie sich schwächer gefühlt hat und wieder angefangen hat, größere Dosen Sinemet zu nehmen, in der Hoffnung, dass das hilft. Als er mich verwirrt anguckt, füge ich hinzu: „Erinnern Sie sich? Sie haben beim letzten Mal ihre Dosis halbiert."

Er runzelt die Stirn. „Hab ich das?" Er blättert auf seinem Clipboard ein paar Seiten vor und zurück. „Sind Sie sicher?"

„Ja", wirft meine Mutter ein. Sie sitzt auf dem einzigen Stuhl in dem winzigen Behandlungszimmer. Sie lehnt sich jetzt vor, ihre Hände hält sie in ihrem Schoß so fest umklammert, dass ihre Knöchel weiß sind.

„Merken Sie einen Unterschied?", fragt er.

„Nein, ich glaube nicht", sagt meine Mutter.

Ich schaue sie an, mein Mund steht offen. „Aber du hast gesagt, du hättest keine Kraft mehr, um irgendetwas zu tun, Mutter. Deshalb wolltest du die höhere Dosis nehmen."

Der Arzt klopft mit seinem Stift auf sein Clipboard, seine Augen wandern von mir zu ihr.

Meine Mutter sieht jetzt verwirrt aus. Ihr geht alles zu schnell, um noch mitzukommen. „Mein Puls – er rast manchmal so“, sagt sie. „Ich glaube, das kommt von dem Osteoporose-Medikament.“

Der Arzt bittet sie, auf der Behandlungsliege Platz zu nehmen und ihren Ärmel hochzurollen. Er pumpt die Manschette auf und horcht durch das Stethoskop, sein Gesicht ist darauf gedrillt, sich nichts anmerken zu lassen. Als sie ihn etwas fragt, reißt er sich die Ohrbügel herunter und guckt finster. „Einen Moment noch.“

Wir beobachten alle, wie die rote Linie auf dem Messgerät langsam sinkt. „Perfekt“, sagt er. „Hundertfünfzehn zu siebzig. Wie im Buche.“

Meine Mutter sieht erleichtert aus, sogar fröhlich. „Nun ja“, sagt sie und streicht dabei ihren Ärmel glatt, „ich hatte auch noch nie hohen Blutdruck.“

Er schreibt ihr ein neues Rezept für Sinemet auf – eine große Packung – und gibt es mir zusammen mit der Rechnung, die ich an der Rezeption abgeben soll. „Bis in zwei Monaten.“

Ich schaue auf meine Uhr. Genau fünf Minuten.

Parkinson-Patienten brauchen Zeit. Ihr Nervennetzwerk reagiert langsamer, sie brauchen Zeit, um sich zu bewegen, zu denken, zu sprechen. Wenn sie gehetzt werden, verirren sich die Signale nur zwischen ihren Muskeln und ihrem Gehirn und produzieren den charakteristischen Tremor. Fünf Minuten mögen lang genug gewesen sein, um die Symptome meiner Mutter zu untersuchen, aber es war nicht lang genug, um sie zu behandeln.

Als ich am späten Nachmittag rübergehe, um nach dem Rechten zu sehen, ist sie dabei sich aufzuregen, weil sie ihr Konto ein bisschen überziehen muss.

Ich gucke auf den Bankauszug. „Einundfünfzig Cent minus? Das ist es doch nicht wert, nachzuprüfen", sage ich zu ihr. „Schreib es einfach ab."

„Aber", sagt sie und starrt auf ihr Scheckbuch, „es ist das einzig Sinnvolle, das ich den ganzen Tag gemacht habe."

„Und wer soll dieses Symptom behandeln", frage ich mich, „das wachsende Bewusstsein ihrer eigenen Wertlosigkeit?"

In jenem ersten Jahr hatte mein Vater eine Bypass-Operation. Für ihn war das eher ein Abenteuer als eine Last. Sein Kardiologe meinte, er habe den Prozess überstanden wie ein junger Mann. Als er aus dem Krankenhaus zurückkam, musste er einige Tage ein leichtes Schmerzmittel nehmen. Meine Mutter fing an ihn zu beschuldigen, er sei drogensüchtig.

„Er trifft sie im Wald", meinte sie eines Tages zu mir.

„Trifft wen, Mutter?"

„Seine Drogen-Kumpel. Einer von denen hat einen kleinen Hund. Ein Mann kam letzte Nacht ans Fenster auf seiner Seite des Bettes – der mit dem Hund. Er hat versucht, deinen Vater dazu zu bringen, eine Flasche Gift zu trinken. Aber ich habe ihn gerettet. Ich habe es ihm weggenommen."

Mein Vater beschrieb den Vorfall folgendermaßen: Er hat immer eine Flasche Wasser neben seinem Bett stehen, damit er nachts nicht extra aufstehen muss.

„Sie weinte und versuchte mir die Flasche aus der Hand zu nehmen. Also habe ich sie ihr gegeben. Ich hatte keine Ahnung, was sie da geredet hat."

Diese Art von Vorfällen bekräftigte mich in meinem Entschluss, Dr. P. wegen dieser Fantasien zu befragen. Obwohl es die schlimmsten Symptome meiner Mutter waren, hatte ich mich nicht getraut, sie in ihrer Gegenwart anzusprechen. Die kleinste Anspielung auf diese paranoiden Fantasmen demütigte sie und machte sie gleichzeitig wütend.

Auf dem Weg zum nächsten Termin bei Dr. P. fühle ich mich

verpflichtet, meine Mutter vorzuwarnen, dass ich sie endlich erwähnen muss. Ich zögere und überlege, welches Wort dafür wohl am einfühlsamsten wäre.

„Ich muss den Arzt wegen deiner … Verwirrung fragen."

Ihr Augen gucken blitzschnell zum Seitenfenster hinaus. „Ich habe angefangen dieses Wort zu hassen", sagt sie leise. Sie ist vielleicht verrückt, aber nicht dumm und sie erkennt einen Euphemismus zehn Meter gegen den Wind.

Im Untersuchungszimmer ersetze ich „Verwirrung" durch „Vorfall", als ich mit dem Arzt rede. Und durch meinen Tonfall versteht er sofort, was ich meine.

„Ach so", er zuckt mit den Achseln, völlig unberührt. „Halluzinationen."

Meine Mutter sitzt wie erstarrt und sieht streng geradeaus.

„Es ist das Sinemet", sagt er. „So ist das eben. Das sind nur Nebenwirkungen. Ich werde die Dosis zurücksetzen. Auf das Mindestmaß." Er kritzelt auf seinen Rezeptblock. „Und hier ist noch eins für das Ativan." Er reicht mir die beiden Zettel. „Gegen Angstzustände. Achten Sie darauf, dass sie eine vor dem Zubettgehen nimmt. Zwei wenn nötig." Dann ist er weg.

Am nächsten Morgen finde ich meine Mutter in Tränen aufgelöst. „Dein Vater hat 100 Dollar aus meinem Portemonnaie gestohlen, um diesen Drogendealer zu bezahlen", erzählt sie. „Ich habe ihn gebeten, es nicht zu tun. Ich habe ihm gesagt, wie die Leute in der Nachbarschaft zu ihm aufsehen. Und seine Enkel. Wie kann er sie so enttäuschen? Aber er wollte nicht hören."

Mein Vater ist draußen und mäht den Rasen. Ich frage ihn, ob sie das Ativan genommen hat.

„Nein", sagt er. Er nimmt seinen Strohhut ab, um sich die Stirn abzuwischen. „Sie hat sich geweigert. Was sollte ich machen? Keiner von uns hat ein Auge zugemacht."

An diesem Abend gehe ich rüber, um sicherzugehen, dass sie das Ativan nimmt.

„Ich nehme es später", sagt sie und wischt die kleine weiße Pille mit einer Handbewegung weg.

„Ich gehe nicht, bevor du sie genommen hast", sage ich und halte sie ihr weiter hin.

Endlich nimmt sie sie zwischen die Spitzen ihrer langen, eleganten Finger. Dann schaut sie zu mir rauf, eine Augenbraue hochgezogen. „Möchtest du vielleicht noch ein paar Worte sagen?", fragt sie trocken.

Ich mache den Scherz mit und sage: „Gott segne dich, kleine Pille. Hilf meiner Mutter, gut zu schlafen." Und uns auch, denke ich bei mir.

In dieser Nacht träume ich, zum ersten Mal, seit ich zurückgekommen bin, von meiner Mutter. Sie ist in einem geschlossenen Ort, aber draußen, wie ein Garten mit Mauer darum. Ich bin bei ihr. Wir sitzen zusammen im Gras.

Ich hatte ein ziemlich klares Bild davon, wie ich mich um meine Mutter kümmern würde, als ich wieder zurück nach Hause kam. Ich dachte, dass ich sie fahren würde, wenn sie irgendwohin musste oder wollte, ihr mit ihren Medikamenten helfen und für sie im Ärzte-Labyrinth und mit der Krankenversicherung verhandeln würde. Sie war immer diejenige gewesen, die die monatlichen Rechnungen bezahlt hatte, und wenn ich diese Arbeit hätte übernehmen müssen, hätte ich auch das gerne gemacht. Ich konnte für meine Eltern kochen, wenn nötig, oder jemanden finden, der mit in dem Haushalt helfen konnte. Ich würde mich unterhalten, vorlesen, Besuche machen und alles übernehmen, was meine Mutter körperlich oder seelisch entlastete. Und ein Bereich, in dem ich mir sicher war, dass ich von Nutzen sein konnte, war der Umgang mit den Ärzten.

Ich wollte, dass sie die bestmögliche medizinische Behandlung bekam: Da meine Mutter keine sehr durchsetzungsfähige Person war, hatte ich das Gefühl, sie verteidigen zu können. Ich könnte Nachforschungen anstellen und mich für Behandlungen einsetzen, die ihr helfen konnten, aber gleichzeitig würde ich unnötige und fruchtlose Prozeduren von ihr fernhalten.

Aber jetzt fing ich an, meine Effektivität in ausgerechnet dem Bereich in Zweifel zu ziehen, von dem ich gedacht hatte, ich könnte dort am nützlichsten sein.

Bei unserem nächsten Besuch bei Dr. P. ist meine Mutter gut aufgelegt. Sie trägt eine frische weiße Bluse und eine neue blaue Strickweste. Wir müssen nur etwa 20 Minuten warten, also ist sie noch nicht müde und antwortet etwas bestimmter als sonst auf Dr. P.s routiniertes: „Wie geht es Ihnen heute?"

Er schaut immer noch auf seine Unterlagen, als er fragt: „Wie steht es mit den Sehstörungen?"

Ich brauche einen Moment, bis ich verstehe, dass er das Wort als Code für Halluzinationen benutzt. Er schaut mich an. „Sind sie mit der reduzierten Dosis Sinemet besser geworden?"

Bevor ich etwas sage, antwortet meine Mutter. „Ich habe keinen Unterschied gemerkt", sagt sie.

Hat sie den Code verstanden? Versteht sie, was er gefragt hat?

Dr. P. stellt in rascher Abfolge seine Fragen und vergleicht meine Reaktion mit ihrer Antwort. Wie ist es mit Übelkeit? Tremor? Schwächeanfällen? Besser oder schlechter?

Meine Mutter hat Schwierigkeiten, mit den Fragen mitzuhalten und sich in den verschiedenen Kategorien, die er abfragt, für „besser" oder „schlechter" zu entscheiden.

Auf einmal ändert er die Richtung. „Wir werden Sie mal eine Zeit lang auf Zoloft setzen und sehen, ob das etwas bringt."

Sie hat keine Ahnung, was Zoloft ist, aber ihre Schultern sinken sofort in sich zusammen. Für sie ist jedes neue Medikament eine Niederlage, auch als er erklärt, dass es damit vielleicht möglich sein wird, irgendwann das Ativan abzusetzen.

Auf der Zoloft-Einstiegspackung prangt ein Aufkleber mit dem Vermerk: „Für die Behandlung von Panikzuständen". Er reißt ihn ab, bevor er mir die Pillen gibt. Seine Anweisungen sind kompliziert und verlangen, dass die Pillen in den ersten Wochen halbiert werden.

„Sie werden erst mal keine Veränderung spüren", meint er zu meiner Mutter. „Es braucht ein bisschen, um sich im Körper anzusiedeln."

„Wie Vitamine", werfe ich kurz dazwischen.

Und an diesem Punkt kommt meine Unsicherheit ins Spiel. Ich mache heimlich gemeinsame Sache mit diesem Mann, um meine Mutter zu täuschen. Auf wessen Seite bin ich eigentlich?

Sie verlässt die Arztpraxis und sieht aus, als ob sie ausgepeitscht wurde, stolpert und schlurft wie ein klassischer Parkinson-Fall, hält jedes Mal inne, um sich umzugucken, wenn sie die Richtung ändert. Als wir endlich draußen auf dem Bürgersteig angekommen sind, fängt sie an zu weinen, völlig überwältigt von dem Gefühl, versagt zu haben.

„Ich bin so nutzlos", weint sie, „einfach nur nutzlos."

Ich lege meine Arme um sie. „Sag das nicht, Mutter", bitte ich sie. „Wir brauchen dich, wir lieben dich um deinetwillen, nicht wegen dem, was du tun kannst."

„Und wer bin ich?", fragt sie bitter.

Ich schließe das Auto auf. Ihr PKW, ein Crown Victoria, hat weniger als 40000 Kilometer runter, ein Auto, das sie nicht mehr fahren kann. Als ich hinter dem Steuer sitze, nehme ich ihre Hand. Sie ist heiß und geschwollen. Ich frage sie, ob sie Mittagessen gehen möchte, während ihre Rezepte bereitgestellt werden. Normalerweise belohnen wir uns auf diese Weise immer dafür, einen weiteren Arzttermin durchgestanden zu haben.

Aber heute zuckt sie nur die Achseln. „Wenn du willst."

Solche Besuche beim Arzt erschütterten immer mein Selbstbewusstsein. Die Situation stellte sich als sehr viel komplizierter heraus, als ich sie mir vorgestellt hatte. Ich hätte eigentlich die Verbündete meiner Mutter in ihrer Krankheit sein sollen. Und jetzt saß ich hier und steckte mit einem unsensiblen medizinischen Anfänger unter einer Decke, der ihr gerade mal 10 Minuten seiner Zeit opferte und sie behandelte, als sei sie entweder unsichtbar oder eine hartnäckige Gewebeprobe. Sie mochte paranoide Halluzinationen haben, trotzdem spürte sie es noch, wenn sie als unwichtig abgetan wurde.

Auf der anderen Seite kann sie sich nicht dazu bringen, sich einzugestehen, dass sie halluziniert. Folglich zieht sie sich in ihre eigene Welt zurück. Sie beim Arzt auch nur zu erwähnen, ist für sie demütigend und macht sie wütend. Sie muss sich von mir, ihrer eigenen Tochter, noch mehr hintergangen fühlen als von dem gefühllosen und oberflächlichen Dr. P.

Auf wessen Seite war ich also – auf ihrer oder auf der des Arztes? Sollten wir nicht alle auf derselben Seite sein? Trotzdem fühle ich mich, als ob ich mich in einem merkwürdigen Niemandsland zwischen beiden bewege.

Ich hatte angenommen, dass Dr. R. eine willkommene Abwechslung sein würde. Am Anfang zumindest. Als Orthopäde sollte er die ständigen Rückenschmerzen meiner Mutter behandeln. Sie war nicht begeistert, als ihr Hausarzt sie an Dr. R. überwies. Am Morgen ihres Termins mussten wir ihr gut zureden, damit sie mit meinem Vater zusammen auf die Rückbank des Crown Victoria kletterte. Er hatte sich bis jetzt geweigert mitzukommen, obwohl ihr das ganz offensichtlich nicht recht war. Ein übergroßer brauner Umschlag mit ihren Röntgenbildern liegt auf dem Sitz zwischen ihnen.

Die orthopädische Klinik befindet sich in einer anderen Stadt, und die Wegweiser sind nicht sehr eindeutig. Als ich falsch abbiege, gerät meine Mutter in Panik. „Wir kommen zu spät“, jammert sie. Mein Vater zuckt zusammen und murmelt etwas in sich hinein.

Ohne Vorwarnung werde ich plötzlich von meiner Wut übermannt. Ich will beide anschreien, so wie man seine Kinder anschreit, dass jetzt aber mal Schluss ist. Im nächsten Moment bin ich wütend auf mich selbst, weil ich es nicht vorausgesehen habe, weil ich nicht darauf vorbereitet gewesen war, mit ihren Ängsten umzugehen.

Dr. R. stellt sich als noch jünger als Dr. P. heraus, wenn auch weit weniger adrett gekleidet. Er trägt eine unglücklich gewählte Krawatte und einen schlechten Haarschnitt. Aber er hat auch ein entschlossen freundliches Auftreten. Seine Stimme hebt und senkt sich in einem weichen, bedächtigen Tonfall und er nickt aufmerksam, als er mit meiner Mutter redet.

Dr. R. schaut sich die Röntgenbilder an, die wir mitgebracht haben, macht selbst welche und sagt, dass er ein Kernspin braucht.

Zwei Wochen später sind wir wieder da, mit neuen Bildern der Innereien meiner Mutter in der Hand, nicht nur ihrer Knochen, sondern auch ihrer Muskeln, dem weichen Gewebe ihrer Organe und sogar einigen Blutgefäßen. Dr. R. studiert sie konzentriert.

„Hier ist definitiv eine Wölbung in den unteren Bandscheiben zu sehen“, sagt er, „und Knochensporne in dieser Region. Verengung in der Wirbelsäule. Sehen Sie? Die Nervenbahnen sind hier verengt.“ Er zeigt mit seinem Stift auf die dicke Plastikfolie.

Mein Vater dreht sein Hörgerät lauter und es fängt an zu fiepen.

Dr. R. fährt fort und spricht jedes Wort langsam und deutlich aus. „Ich denke, wir haben jetzt vier Möglichkeiten. Erstens, stärkere Schmerzmittel. Zweitens, Physiotherapie. Drittens, Cortisonspritzen, um die Schwellung zu senken. Und viertens, operieren.“ Er sieht uns an und lächelt freundlich. „Warum lasse ich Sie nicht ein paar Minuten allein, damit Sie darüber reden können?“

Als er gegangen ist, halte ich den Atem an und sitze sehr still, während ich darauf warte, dass meine Mutter die Möglichkeiten durchdenkt.

„Was sollten wir deiner Meinung nach machen, Gin?“, fragt sie mich, sie liegt immer noch auf der Untersuchungsliege.

„Nun ja. Schmerzmittel und Physiotherapie hast du schon ausprobiert“, sage ich und warte ab.

„Ich will keine Operation. Das will ich nicht.“

Mein Vater steht grimmig in der Ecke, seinen Hut in der Hand und nickt mit seinem ganzen Körper. Er trägt heute sein künstliches Gebiss, was seine Stimmung nicht gerade hebt.

„Also“, sage ich langsam, „ich schätze, dass es auf Nummer drei hinausläuft, die Cortisonspritzen.“ Da. Ich habe ihr erlaubt – oder sie gezwungen? –, ihre eigene Wahl zu treffen.

Aber als der Arzt zurückkommt, um ihre Entscheidung zu erfahren, wird uns mitgeteilt, dass die Spritzen wieder ein anderer Spezialist in einer Klinik für Schmerztherapie verabreichen wird. „Sie gehen direkt ins Rückenmark – ein halbchirurgischer Eingriff“, erklärt uns Dr. R.

Auf der Heimfahrt sitzt meine Mutter vorne bei mir auf dem Beifahrersitz. „Ich habe mich neulich mit jemandem unterhalten, der solche Spritzen bekommen hat, und es hat überhaupt nichts geholfen“, sagt sie. Ich höre an ihrer Stimme, dass sie kurz vor dem Weinen ist. „Ich glaube nicht, dass es bei mir irgendetwas bringen wird.“

„Natürlich nicht“, sage ich, „nicht, wenn das deine Einstellung ist.“

„Negativ, negativ“, murmelt mein Vater auf dem Rücksitz. „Ich hätte nie überlebt, wenn ich bei meiner Herzoperation keine positive Einstellung gehabt hätte.“

„Die sollten lieber bald was für mich machen, sonst bin ich nicht mehr lange da.“ Jetzt klingt meine Mutter wütend.

„Menschen sterben normalerweise nicht an Schmerzen“, sage ich. Einen Augenblick lang genieße ich das befriedigende Gefühl meiner Herablassung. Dann bin ich genauso schnell davon angewidert. Wie habe ich so etwas nur sagen können? Noch einmal taucht die Frage auf, um mich anzuklagen: Auf wessen Seite bist du eigentlich?

Welchen Grund hätte meine Mutter denn auch, optimistisch zu sein? Am Anfang hatten wir noch hoffnungsvoll auf ihre Ärzte vertraut. Es entspricht ihrer Persönlichkeit und ihrer kulturellen Prägung, den medizinischen Experten zu vertrauen. Aber dem ist nicht mehr so. Nichts von all den verschriebenen Medikamenten und Methoden hat ihren Zustand verbessert, geschweige denn geheilt. Das Team meines Vaters hatte gewonnen. Ihres verliert. Und ich sitze nur auf der Zuschauertribüne.

Und wie sich herausstellt, hatte meine Mutter recht. Die Cortisonspritzen halfen ihr nicht.

In dieser Nacht träume ich von drei Pinienbäumen, die zwischen meinem Haus und der Straße wachsen. Ein starker Wind kam auf, entwurzelte den höchsten von ihnen und wehte ihn über die Straße auf das Feld.

Ich sage mir, dass ich mittlerweile daran gewöhnt sein müsste. Es ist jetzt sieben Monate her, dass ich hergekommen bin, um für meine Mutter zu sorgen. Aber Wut und Frustration holen mich langsam ein. Nichts war so einfach, wie ich es mir vorgestellt hatte. Meine Mutter geht kaputt und die Medizinmänner, so scheint es, können sie nicht reparieren.

Wenn ich einfach aufhören könnte zu hoffen, aufhören könnte, es mir auch nur zu wünschen, dass es ihr besser gehen wird.

Mein Vater sagt, dass sie ihn oft bittet: „Bitte, verlass mich nie." Wie soll man sich daran gewöhnen?

Zusammen hatten meine Eltern mittlerweile zwölf Ärzte. Das bedeutete nicht nur, dass Termine koordiniert werden mussten.

Es war auch nötig, die Veränderungen durch die Medikamente zu beobachten und Befunde von Labortests oder Röntgenbilder abzuholen. Jeder Arzt, jede Einrichtung schickte eigene Rechnungen, von denen jede mit der Krankenversicherung und den Zusatzversicherungen abgeglichen werden musste. Keine dieser Einheiten – Ärzte, Labore, Krankenhäuser, Regierungsbehörden oder Versicherungsunternehmen – verhandelt direkt mit den anderen. Sie verschicken Rechnungen und Berichte, wie souveräne Staaten Gesetze erlassen. Der Patient oder dessen Stellvertreter muss die Differenzen ausgleichen wie ein Diplomat, der zwischen Kontinenten verhandelt.

Was die Krankenversicherung anging, so stand auf jeder Rechnung in großen Buchstaben: STOPPT DEN VERSICHERUNGSBETRUG! Diese Warnung wurde dann mit der Anweisung erweitert, seine Abrechnungen genau zu überprüfen. Während die Krankenversicherung pünktlich zahlte, hinkte die Zusatzversicherung meiner Mutter mehrere Monate hinterher. Die Inkassostelle rief wiederholt bei meinen Eltern wegen unbezahlter Rechnungen an. Ich verbrachte jede Woche Stunden am Telefon, um Probleme wie diese aus der Welt zu schaffen.

Mehrere Monate vergingen. Meine Mutter rief mich jetzt am frühen Morgen an, manchmal auch mitten in der Nacht, und bat mich, sie abzuholen. Sie seien von Feinden in ihrem Haus eingeschlossen worden, sie hatten kein Licht, Indianer seien hinter ihnen her. Mein Vater, der an Komplikationen von einer Prostata-Operation litt, war außer sich vor Sorge und Schlafmangel.

Dann gab es in meiner Heimatstadt einen neuen Neurologen. Ich machte einen Termin aus, erneut in der Hoffnung, dass dieser Arzt endlich der wäre, der meiner Mutter helfen konnte.

Dr. M. war, genau wie Dr. P. und Dr. R., noch jung. Ich hatte aber mittlerweile gelernt, auch die Vorteile von jungen Ärzten zu sehen, besonders auf einem Feld wie der Neurologie, bei dem der aktuelle Forschungsstand zählte. Dr. M. sprach mit einem indischen Akzent – einer Mischung aus Singsang und Zwitschern. Er war entrüstet, dass noch niemand eine Kernspintomografie ihres Gehirns gemacht hatte und setzte sofort eine für die folgende Woche an. Sie wies schon Zeichen von Sprachverlust auf und umschrieb oft die Leerstellen in ihrem schrumpfenden Wortschatz.

Ohne Umschweife fragte Dr. M. sie, ob sie Halluzinationen erlebe.

„Nein", sagt sie.

Er dreht sich zu mir und meinem Vater. Ich nicke einfach einmal.

Mein Vater räuspert sich und wählt seine Worte genau. „Ich muss sagen, ich sehe nicht immer die Dinge, die sie sieht."

Am Ende der Untersuchung hält Dr. M. mit seinen abgehackten, exakten Konsonanten meiner Mutter eine von Herzen kommende Motivationsrede.

„Sie müssen mehr rausgehen. Unter Menschen sein. Die wechselnden Jahreszeiten beobachten." Wie um ihre Aufmerksamkeit auf die momentane Winterlandschaft zu lenken, schwenkt er seinen Arm in Richtung der Wand, wo ein Fenster hätte sein können, wäre dies nicht ein Behandlungszimmer. „Wir werden Ihr Leben besser machen. Aber Sie müssen einen Sinn finden!", sagt er mahnend.

Komischerweise schien Dr. M.s anspornende Rede gewirkt zu haben, vielleicht sogar mehr, als es seine Absicht gewesen war. Meine beiden Eltern verließen seine Praxis mit der Überzeugung, dass sie geheilt werden würde.

Schön, denke ich mir. Hauptsache es hilft, auch wenn es nur vorübergehend ist.

Die euphorische Stimmung hält an, bis ich in der folgenden Woche meine Mutter ins Krankenhaus zur Kernspintomografie bringe. Dort liegt sie dann, kalt und so flach ausgestreckt, wie es ihr gekrümmter Rücken erlaubt, auf einem schmalen Brett, das geräuschlos in ein Gerät hineinfährt, das beunruhigende Ähnlichkeit mit einem weißen Plastiksarg hat.

Im Warteraum lese ich mir in der Zwischenzeit eine Broschüre über den Prozess der Magnetresonanztomografie (MRT) durch. Dort steht, dass der menschliche Körper hauptsächlich aus Fett und Wasser besteht, und dieses wiederum besteht vor allem aus Wasserstoffatomen. Der Körper ist sogar zu 63 Prozent aus Wasserstoffatomen zusammengesetzt. Der große weiße Zylinder, in dem sich meine Mutter befindet, ist vor allem ein sehr starker Magnet. Wenn der Assistent den Strom aufdreht, wird ein magnetisches Feld erzeugt, das 30 Mal stärker ist als das Magnetfeld der Erde. Als Reaktion auf diese magnetische Anziehung wird jedes Proton im Kern der Wasserstoffatome im Körper meiner Mutter in dieselbe Richtung gedreht, wie Millionen kleiner Kompassnadeln, die alle nach Norden zeigen.

Als Nächstes wird ihr Körper mit Radiowellen stimuliert, die die neutrale Richtung dieser magnetisierten Protonen verändert. Dann wird das Wechselfeld abgeschaltet und es wird festgestellt, in welchem Muster die Wellen von ihren polarisierten Protonen in ihre alte Position zurückfallen. Aus diesen Mustern entsteht für den Radiologen dann das Gehirn meiner Mutter als Karte.

Als meine Mutter aus dem Zylinder herausfährt, erwarte ich fast, dass sie wie ein Star-Trek-Mitglied aussieht, das auf die Enterprise gebeamt wurde, wo ihre Moleküle nun langsam wieder zusammengesetzt werden. Aber sie ist in keine Wolke aus blinkenden Lichtern gehüllt. Stattdessen ist sie so schwach, dass sie zum ersten Mal einverstanden ist, im Rollstuhl nach draußen gefahren zu werden.

„Dieses Geräusch“, weint sie, „es war wie ein Presslufthammer in meinem Kopf.“

Die MRT-Bilder bescheinigen Dr. M., was er erwartet hat. Dass meine Mutter einige kleine Schlaganfälle erlitten hat. „Lakunär, keine Embolie“, betont er, „in verschiedenen Teilen des

Gehirns. Auf beiden Seiten des Gehirns. Und in den Basalganglien und im Stammhirn."

Ich notiere im Geist, dass ich diese Begriffe im Internet nachschlagen muss.

„Sehen Sie", sagt er und nimmt einen pädagogischen Tonfall an, „Halluzinationen werden ausgelöst, wenn fremde chemische Stoffe ins Gehirn gelangen. Aber andere Arten von Ausfall – Verwirrung, nicht mehr in der Lage sein, die Uhr zu lesen zum Beispiel, oder Sprachverlust – werden durch einen Schlaganfall und die Beschädigung von Nervenzellen verursacht."

Ich nicke, glücklich darüber, dass es sich um zwei separate Folgen mit unterschiedlichen Ursachen handelt. Die Linie zwischen Fehlentwicklung und Defizit scheint mir ein wichtiger Unterschied zu sein. Aber kann es uns etwas über das Selbst sagen, außer, was für instabile Mechanismen wir Menschen doch sind? Schon winzige Mengen von weißem Puder, weniger noch als das Salz, das man sich auf sein Ei streut, können das Selbst von der Realität anderer Menschen trennen, von der Welt, die diese als real wahrnehmen.

„Ich schlage vor", fährt Dr. M. in seinem singenden Akzent fort, „dass wir es erst mal mit einer Aspirin am Tag versuchen. Außerdem die niedrigste Dosis Sinemet, dafür aber die Medizin, die ich Ihnen letztes Mal verschrieben habe, drei Mal pro Tag."

Er reißt den Zettel ab, gibt ihn mir und setzt für meine Mutter sein ermutigendes Lächeln auf. „Wir sehen uns in drei Wochen wieder." Er verbeugt sich förmlich vor meinem Vater. Dann streckt er ungelenk seine Hand aus, als ob die Geste ihm fremd ist, er aber entschlossen ist, sie sich anzueignen.

Dr. M. war nicht vollkommen zufrieden mit den Ergebnissen vom Kernspin. Er veranschlagte einen neuen Test, diesmal in seiner Praxis und mit erheblich größerer Hightech-Ausstattung als bei dem Akupunkturverfahren.

Zwei Dutzend Elektroden, die die Gehirnströme meiner Mutter messen sollen, werden mit einem schmierigen Gel an ihrem Schädel befestigt. Der Assistent, der beeindruckt ist, dass ich den Unterschied zwischen Hinterhauptlappen und Schläfenlappen kenne, lässt mich den Monitor beobachten, der die Aktivität im Innern des Kopfes aufzeichnet. Ich hatte befürchtet, dass die langen Kabel, die von ihrer Kopfhaut zu der Maschine führen, sie zu sehr an Akupunktur erinnern und sie abschrecken könnten. Aber, sobald sie auf dem Tisch liegt, schließen sich ihre Augen und sie scheint in einen tiefen Schlaf zu fallen.

„Blau ist für links und rot für rechts“, erklärt mir der Assistent und zeigt auf den Monitor, wo ein Dutzend Kurven anfangen, über den Bildschirm zu kriechen.

Ich nicke, als ob ich wüsste, was die farbigen Linien zu bedeuten haben, aber eigentlich behalte ich meine Mutter im Blick. Die feine Oberfläche ihrer blassen Haut überzieht sich schimmernd mit einem Schweißfilm. Die Haut, die normalerweise in Falten fällt, wenn sie aufrecht ist, glättet sich über ihren schmalen Knochen und ihrer dünnen Nase und lässt das Gesicht erkennen, das ich noch aus besseren Tagen kenne. Der Verlust ihrer ruhigen herben Schönheit, die wie ihr einmaliges Selbst von Phantasmen verdeckt wird, schnürt mir plötzlich die Kehle zu. In meinen Augen brennen Tränen, ich blinzele sie weg.

„Dr. M. wurde in Kuwait geboren“, vertraut mir der Assistent an. „Aber er ist Inder. Sein Vater ist Bankier. Wussten Sie das?“

In diesem Moment kommt Dr. M. selbst durch die Tür, wirft einen kurzen Blick auf die roten und blauen Linien, die über den Schirm laufen, und gibt mir dann die Anweisung, die Zoloft-Dosis meiner Mutter zu halbieren. „Wir werden sie nach und nach ganz absetzen“, seufzt er. „Es könnte sich auf ihre Paranoia auswirken. Zu viel Dopamin produziert Schizophrenie, wissen Sie.“

Nein, will ich schreien, das wusste ich nicht. Und warum hat mir das bis jetzt niemand gesagt?

Aber ich sage nichts. Ich habe hart daran gearbeitet, Dr. M. von meiner Intelligenz zu überzeugen, damit er seinem pädagogischen Zug nachgibt und mich mit mehr medizinischen Details versorgt, als ich sie anderswo bekomme.

Meiner Erfahrung nach wischen die meisten Ärzte jede Nachfrage nach genaueren Informationen vom Tisch. „Es ist kompliziert“, sagen sie mit einem Seufzen und schütteln den Kopf. Und wenn man auf seinen Fragen besteht, können sie reizbar werden. Zu viel Neugier, zu viel Wissen und der Arzt kann einen schnell als Bedrohung empfinden.

Bei meinem eigenen Arzt kann ich es mir leisten, stur zu sein und ihm auf den Wecker zu fallen, wenn ich Informationen will. Aber wenn der Spezialist, der die eigene Mutter behandelt, der einzige in den umliegenden drei Bezirken ist, kann man nicht riskieren, ihm zu nahezutreten.

Also geht man auf Abwege, schützt Hilflosigkeit vor. „Gibt es irgendeine Möglichkeit, wie ich ...?“ „Schlagen Sie vor, dass ...?“

Der Tanz zwischen Arzt und Patienten – gar nicht zu reden von dem zwischen Arzt und Kind des Patienten – ist ein heikles Menuett, das oft im Mantel der Täuschung vollführt werden muss.

Bei dem langen, langsamen Tanz mit den Medizinmännern meiner Mutter bin ich immer bemüht gewesen, auf ihre Rechte zu pochen. Ich will, dass ihre Ärzte sie direkt ansprechen. Ich will im Hintergrund bleiben, wenn es gewünscht wird, Informationen zur Verfügung stellen, die Anweisungen aufnehmen, die der Arzt gibt. Mit anderen Worten: Ich möchte, dass sie als Person behandelt wird und nicht nur als Objekt einer wissenschaftlichen Fragestellung. Stattdessen ignorieren die Ärzte sie in den meisten Fällen und richten ihre Fragen und Kommentare an mich.

Ich habe versucht, das zu verhindern, indem ich darauf achte, dass meine Mutter genau vor der Nase des Arztes sitzt, und wenn er mir eine Frage stellt, bin ich bemüht, sie an sie weiterzugeben. Wenn man hartnäckig und subtil genug vorgeht, versteht der Arzt meistens das Ziel und versucht dann mitzuspielen, wenigstens am Anfang. Aber es dauert nicht lange, bis er frustriert ist. Manchmal fällt es meiner Mutter schwer, die Frage zu verstehen, und sie braucht lange, um zu antworten. Manchmal schaut sie mich nur hilflos an und ist nicht in der Lage, eine Antwort zu formulieren. Einmal zuckte sie nur mit den Achseln und sagte mit unmissverständlicher Bitterkeit, indem sie zu mir rübernickte: „Fragen Sie sie." Und manchmal scheinen ihre Antworten schlicht irrelevant. Dann runzelt der Arzt die Stirn und wendet sich wieder mir zu. Und so werde ich zur Komplizin dieser Ärzte, die meine Mutter zum Objekt machen.

Ich verstehe die Frustration der Ärzte. Sie arbeiten mit einer Frau, die ihre Geheimnisse nicht offenbaren kann oder will, einer Frau, die sie als Feinde empfindet.

Nachdem meine Mutter und ich diese Untersuchungen hinter uns haben, gehe ich den Besuch noch einmal durch in der Hoffnung, dass es ihr hilft, die Anweisungen zu behalten, und erkläre ihr noch einmal die neuen Informationen über ihren Zustand. Aber sie lässt sich nicht täuschen. Sie weiß, dass sie die Bazille unter dem Mikroskop ist.

Und ich verstehe auch die Distanzierung meiner Mutter von ihrer eigenen Behandlung, selbst wenn es mich frustriert. Ich habe Mitleid mit ihrem Widerwillen zu kooperieren, auch wenn er mich wütend macht. Schließlich hat sich nichts verändert, jedenfalls nicht zum Guten. Und für sie ist jeder Termin wie ein Test, durch den sie durchfallen muss, weil sie es nicht schafft, besser zu werden.

Der ständige Versuch, es richtig zu machen, wie es im Buche steht, der Versuch, die Realität unserer Situation mit dem Ideal der Experten abzugleichen – diese Versuche ermüden mich. Wir sprechen heute schnell von Wundermitteln, unglaublichen Heilungen. Wir verlangen, dass Mediziner Wunder vollbringen, für die kein Sterblicher je zur Verantwortung gezogen werden sollte. Heilt uns, rufen wir. Rettet uns. Lasst uns nicht sterben! Und wir glauben, wir glauben tatsächlich, dass sie es können.

Und leider glauben sie das auch.

Aber meine Mutter verliert jetzt ihren Glauben an die Medizin. Sie geht zum Arzt, so wie ich als Teenager zur Kirche gegangen bin, bitter und unter Zwang. Sie nimmt ihre Tabletten wie ein Abtrünniger, der die Kommunion empfängt, mit wenig Hoffnung auf ihre Wirkung. Eine dunkle Nacht, sowohl für die Seele, als auch für den Körper.

5
Verrückt

In Dantes *Inferno* warnt Vergil den Dichter zu Beginn ihres Abstiegs in die Hölle: „Gelangt sind wir dahin, wo ich dir sagte / Du würdest sehn die schmerzerfüllten Scharen, / Die der Erkenntnis hohes Gut verloren." Die Inschrift am Eingang zur Hölle ist nicht weniger entmutigend: „Die schon vor mir erschaffnen Dinge waren / Nur ewiges Sein, so wie ich ewig bin. / Lasst, die ihr eingeht, jede Hoffnung fahren."

Dies sind vermutlich die berühmtesten Worte Dantes. Aber was sind diese ewigen Elemente, von denen es heißt, dass sie vor aller Zeit entstanden? Gewiss nicht der Körper, das ist klar. Denn in seinen Genen tickt die Zeitbombe, in der seine eigene Zerstörung schon vorprogrammiert ist. Und der Geist? Hält er der Erosion der Zeit etwa besser stand?

Meine Mutter verlor allmählich „der Erkenntnis hohes Gut". Sie wurde eine, die zu den „schmerzerfüllten Scharen" gehörte. Sie gab die Hoffnung auf. Sie betrat die Hölle der Demenz.

Zum ersten Mal ihre Demenz mitzuerleben, hatte sich angefühlt, als renne man mit voller Wucht gegen eine geschlossene Tür. Im ersten Jahr, in dem ich für meine Mutter sorgte, schlug die Zurechnungsfähigkeit meiner Mutter leck wie ein Schiff, das gegen zerklüftete Untiefen prallt. Ich konnte nur dabei zusehen, wie es zersplitterte und sich auflöste. Die Rettungsleinen, die ich für sie auswarf, reichten nicht.

In manchen Momenten hatte ich Angst, selbst unterzugehen. Ich lag stundenlang auf dem Boden in meinem Schlafzimmer flach auf dem Rücken. Ich hatte das Gefühl, das Universum sei aus den Angeln gehoben. Wie konnte dies dem Menschen passieren, von dem ich alle wesentlichen Dinge im Leben gelernt hatte? Der Frau, die mir beigebracht hatte, Wahrheit, Liebe und Schönheit zu suchen, der Gerechtigkeit nachzujagen. Gefangen in diesem Wirbelsturm, spürte ich wie mein Anker in den Tiefen eines kalten Meers in meinem Inneren nachgab.

Ich schlief oft auf dem Schlafzimmerfußboden ein. Immer wenn ich aufwachte, hatte ich dasselbe Gefühl, das man oft nach einer großen Katastrophe hat. In dem Moment, wo man aufwacht, ist alles wieder normal. Es ist nichts passiert. Alles nur ein schlechter Traum. Und dann fällt es mir wieder ein. Der schlechte Traum ist wahr. Eine Falltür öffnet sich unter meinen Füßen und ich stürze wieder ins Dunkle.

Cousine Margaret hatte drei Jahre eine ältere Frau mit Parkinson gepflegt.

„Mach dir keine Sorgen", tröstete sie mich. „Diese Sachen kommen in Schüben. Esther wird es in nächster Zeit wahrscheinlich erst mal nicht schlechter gehen. Warte, bevor du irgendeine Entscheidung triffst."

Damals fing ich an, Medikamente aufzuschreiben, Arzttermine, Untersuchungsergebnisse, Gespräche. Weil ich nicht genau wusste, was sich in ihrer Behandlung als wichtig herausstellen würde, schrieb ich alles in ein Notizbuch. Als es voll war, nahm ich ein neues und schrieb weiter. Ich schrieb, um die Entwicklung der Krankheit meiner Mutter festzuhalten, aber auch weil ich den Verstand verloren hätte, wenn ich dieses seelische Chaos nicht in lesbare, vernehmbare Worte heruntergebrochen hätte.

Meine direkten Beobachtungen zu dieser Zeit waren etwa die folgenden: Meine Mutter hatte Halluzinationen, meistens visuelle. Sie sah Menschen, die nachts auf der Straße um Feuer tanzten, einen Mann, der bedrohlich vor ihrem Schlafzimmerfenster kauerte, und schwarze Löcher, die sich vor ihr im

Badezimmerboden auftaten. Ein kleiner Hund schlief auf ihrem Bett. Teer wurde auf mysteriöse Weise im Haus verteilt. Schlamm sickerte durch den Teppich. Die Welt, die sie sah, war voller Dreck, Dunkelheit und Gefahren.

Ihre Erinnerung war zu diesem Zeitpunkt nicht beeinträchtigt. Es sei denn, man zählt mit, dass sie sich an Ereignisse erinnerte, die niemals stattgefunden hatten.

Sie war deprimiert, aber das sah ich nicht unbedingt als Zeichen von geistiger Instabilität. Wer wäre in ihrer Situation nicht niedergeschlagen?

Meine Mutter hatte, wie man so schön sagt, gute und schlechte Tage. Hochs und Tiefs. Wie eine Achterbahn. An manchen Tagen schien sie fast wie früher. Wir machten Witze, tratschten über die Nachbarn und erzählten uns die Neuigkeiten aus Telefonaten. In den ersten paar Monaten bezahlte sie immer noch die Rechnungen und führte ihr Konto selbst. An besonders guten Tagen konnte ich sie überreden, Freunde zu besuchen oder einkaufen zu gehen.

Aber die guten Tage machten die schlechteren nur noch schlimmer. Die klareren Tage verführten mich unweigerlich dazu zu hoffen, dass sie ihre geistige Balance wiedergefunden hatte. Wenn ich sie beim Unkrautjäten beobachtete oder dabei, wie sie einer Freundin aufmerksam zuhörte, dachte ich, dass es ihr ja doch nicht so schlecht ging.

Vor allem bei Besuch konnte sie ihre alten geselligen Umgangsformen aufrechterhalten. Niemand, der sie und meinen Vater auf ihrem Stammplatz in der Kirche sah, wäre auf die Idee gekommen, dass etwas nicht stimmte. Ihre Freunde bemerkten ihre langsamen, vorsichtigen Bewegungen. Aber sie hatten keine Vorstellung von den wilden, schlaflosen Nächten, den Halluzinationen und den irrationalen Ängsten, die in diesem Haus ausgestanden wurden.

Mit der Zeit wurden die guten Tage seltener und die Achterbahn fuhr immer häufiger in die Tiefe. Jede Hoffnung, die an einem Tag aufgekeimt war, wurde am nächsten Tag wieder erstickt.

„Wenn es sich doch einfach verschlechtern und dann so bleiben würde“, meinte ich zu Margaret. „Es ist dieses Hin und Her, das mich verrückt macht.“

Einmal, vor vielen Jahren, hatte ich einen Autounfall gehabt. Ich erinnere mich noch, wie das Auto von einer Seite zur andern schlingerte, auf den Reifen schaukelte und dann schließlich auf die Seite kippte. So wie wir jetzt gerade zwischen den beiden Polen von Klarheit und Wahnsinn umherrutschten, fühlte sich damals auch der Unfall an.

Wie fühlte es sich wohl für sie an? Merkte sie, was passierte? War sie sich ihres Zustandes bewusst?

Die Frage ist schon schwerer zu beantworten.

Immer wenn mein Vater mal über Nacht wegmusste, blieb ich bei ihr und schlief im selben Zimmer, das ich seit 40 Jahren als Gästezimmer benutzte. Damals war es immer etwas Besonderes gewesen, nach Hause zu kommen. Mein Vater hatte eine frische Rose aus dem Garten auf den Nachttisch gestellt. Meine Mutter hatte mein Lieblingsessen gekocht. Sie verwöhnten mich dann so, wie sie es in meiner Kindheit nie getan hatten. Als die alte Bettwäsche im Gästezimmer schon ein bisschen schäbig wurde, erlaubte ich ihnen nicht, neue zu kaufen. Ich wollte, dass mein Zuhause so blieb, wie es war. Wenn ich jetzt in diesem Bett schlief, war es nicht als Gast, sondern als Aufpasserin meiner Mutter.

Um Mitternacht hörte ich, wie sie sich rührte. Ich lag dann im Dunkeln und hielt den Atem an. Dann wurde es wieder still und ich schlief wieder ein. Um etwa 2 Uhr morgens kam sie dann manchmal in mein Schlafzimmer.

„Gin“, sagte sie dann, „du musst aufstehen. Jemand versucht, ins Haus zu kommen.“

„Nein, Mutter. Geh wieder ins Bett. Es ist nichts.“

Aber sie blieb im Türrahmen stehen, im Gegenlicht der Flurlampe, ihr Atem war kurz und hart. „Na gut“, sagte sie dann, ihre Stimme brach, als sie sie anhob, „du wirst es ja sehen, wenn alles niedergebrannt ist.“

Also stand ich auf, ganz langsam, um meinem Ärger Ausdruck zu verleihen.

Sie schlurfte unsicher zur Haustür und zeigte über die Straße. „Siehst du die Lichter da?“

„Nein, Mutter. Da ist nichts. Geh jetzt wieder ins Bett.“

Dann sah sie mich wütend und ungläubig an.

„In Ordnung“, sagte ich schließlich und drehte mich um. „Bleib wach, wenn du unbedingt willst, aber ich geh ins Bett.“

Das ist nicht die korrekte Art und Weise, mit Demenzkranken umzugehen. Das war das Verhalten eines verzweifelten und enttäuschten Kindes, das dazu gezwungen wird, die Elternrolle zu übernehmen.

In solchen Momenten war ich mir sicher, dass meine Mutter von der Wahrheit ihrer Visionen überzeugt war. Sie wollte sich ihre Halluzinationen nicht wegnehmen lassen.

Zurück in meinem Haus versuchte ich mich vor mir selbst zu rechtfertigen. Wie viel Sinn hatte es denn überhaupt zu erwarten, dass eine verrückte Person sich durch Argumente überzeugen ließ?

„Verrückt“ ist kein Wort, dass Ärzte benutzen. Es taucht nicht im Krankenblatt des Patienten auf. Der offizielle Begriff war „Demenz“. Oder, noch genauer, „wahnhafte Vorstellungen“. Am Anfang benutzte ich dieses Wort ziemlich oft in Gesprächen mit Ärzten.

Aber „verrückt“ ist das Wort, das ich für mich sagte. Ein Wort, das viel mehr von der kosmischen Wut in sich vereinen kann, als all seine professionellen Synonyme. Ein Begriff, der stark genug ist, um durch den Nebel der Verleugnung zu dringen. Ich wiederhole es, um mich mit der Tatsache zu konfrontieren, dass eine Frau, die so sensibel und gefasst war wie meine Mutter, eine Person, auf deren Rat ich angewiesen war und von der ich Aufrichtigkeit und Liebe erwarten konnte, dass diese Person sich in eine Verrückte verwandeln konnte.

Eine Frau, die so penibel mit ihrem Äußeren gewesen war. Mein Vorbild, dem ich dabei zusah, wie sie ihre gestärkten Blusen und Perlenohrringe anzog, und die jetzt in ungepflegten Kitteln und mit unfrisierten Haaren von der Küche zum Schlafzimmer schlurfte und sich tagelang weigerte, zu baden.

Ich taste nach einem Wort, das diese gegenwärtige Realität beinhaltet und gleichzeitig der Vergangenheit gerecht wird, ein Wort, das die Wahrheit nicht entehrt und die Erinnerung daran nicht befleckt.

Mein Vater, der viel direkter unter ihren wilden Beschuldigungen und Nachtwanderungen zu leiden hatte als ich, konnte es nie über sich bringen, dieser Dunkelheit überhaupt einen Namen zu geben. Er würde einen Vorfall beschreiben oder erzählen, manchmal auch mit dem Zeigefinger an seine Stirn tippen, aber nie würde er es einfach benennen, es niemals mit einem bestimmten Wort bezeichnen. Es zu benennen würde bedeuten, ihre Demenz unerträglich real zu machen und, schlimmer, es würde bedeuten, meine Mutter zu verraten.

Aber wenn ich allein war, benutzte ich „verrückt". Zerrissen. Gebrochen. Wie Porzellan, dessen glänzende Oberfläche mit einem Netz aus winzigen Haarrissen übersät ist.

„Die Leute fragen immer, wie es Mutter geht", erzählte ich David. „Ich möchte dann einfach nur brüllen: ‚Verrückt, so geht's ihr. Seht ihr es nicht? Die Frau ist komplett verrückt.'"

Sie hätten mir nicht geglaubt. Vielleicht hatte ich deshalb das Bedürfnis, sie anzubrüllen. Denn wenn meine Mutter unter Leute ging oder auch wenn sie Besuch erhielt, dann konnte sie eine tief verborgene Reserve an Willenskraft anzapfen und die Phrasen murmeln, die durch häufigen Gebrauch schon ganz glatt geworden waren. *Schön, dich zu sehen. Ach du meine Güte. Gut, danke.* Ich habe nie aufgehört, diese Fähigkeit an ihr zu bewundern.

Ich weiß, dass es nicht unüblich für Leute mit jeglicher Art von Demenz ist, sogar für Alzheimer-Patienten in der frühen bis mittleren Phase, erfolgreich die Kluft zwischen ihrer und unserer Realität zu vertuschen.

Meine Freundin Lee sagt, dass die Demenz ihres Vaters von siebzig Jahren einsamen Trinkens komme. „Papa weiß die Hälfte der Zeit gar nicht, wo er gerade ist", beschwert sie sich. „Aber sobald Besuch da ist, würde man nie auf die Idee kommen, dass er ein Problem hat. Er ist höflich und charmant wie eh und je. Wenn ich seiner Nichte gegenüber erwähne, dass er immer noch glaubt, er wohne in Houston, dann schaut sie mich an, als ob ich den Verstand verloren hätte."

Diese Empörung, das weiß ich aus Erfahrung, erwächst daraus, dass man sich fragt, wie die eigene Mutter (oder der eigene Vater) für die Öffentlichkeit Geistesgegenwart vortäuschen kann, aber nicht für einen selbst. Und wo, in welchem Teil des beschädigten Gehirns, findet der Demenzkranke heraus, was ein „angebrachtes" Verhalten ist und vor allem, wann der Moment ist, es an den Tag zu legen? Braucht solch eine Überlegung nicht irgendeine Art von rationalem Denken?

Die Fähigkeit meiner Mutter, sich in Gesellschaft zu verstellen, machte es schwer, festzustellen, ob sie sich im Klaren darüber war, dass sie, wie sie es in besseren Tagen ausgedrückt hätte, den „Verstand verlor". Das Misstrauen gegen mich und meinen Vater war sehr viel stärker als ihr Zweifel an ihrer eigenen inneren Welt. Andererseits, wer glaubt seiner eigenen Wahrnehmung nicht mehr als der anderer Menschen? Es wäre verrückt, das nicht zu tun.

Eines Tages, als sie für ihren Mittagsschlaf auf dem Weg zum Schlafzimmer war, blieb meine Mutter stehen und beobachtete, wie ich Geschirr in das Spülbecken stellte. Ich konnte spüren, wie ihre langen Finger zitterten, als sie meinen Arm ergriff.

„Ich bin so froh, dass du hier bist", sagte sie und ihre Augen füllten sich mit Tränen. Sie hatte Mühe, sie zurückzuhalten.

Einen langen Moment zögerte sie, als ob sie noch etwas hinzufügen wollte.

Ich wartete, und hoffte auf irgendein Zeichen, das offenbarte, dass sie wusste, dass sie um ihre geistige Gesundheit kämpfte. Aber sie sagte nichts mehr, und so küsste ich sie und sagte ihr, dass ich sie lieb hatte. Sie nickte, drehte sich um und schlurfte weiter Richtung Bett.

Später am selben Tag, fragte ich mich, was sie wohl hatte sagen wollen. War sie kurz davor gewesen, mir von ihren Ängsten zu erzählen? Hätte ich nachhaken sollen?

Eine Frau in unserer Gemeinde, die vor Kurzem einen Schlaganfall erlitten hatte, erzählte mir von dem Heritage Program im örtlichen Krankenhaus. „Es hat mir geholfen, nicht den Verstand zu verlieren“, versicherte sie mir. „Es ist eine Art Selbsthilfegruppe. Vielleicht hilft es Ihrer Mutter auch.“

Ich war mit der Zeit gegenüber wohlmeinenden Ratschlägen empfindlich geworden, seit meine eigenen Versuche, meine Mutter gesund zu erhalten, nicht funktionierten. Aber wenn sie einfach mal aus dem Haus kommt, tut ihr das sicher gut, dachte ich. Sie würde zumindest mit jemand anderem als ihrem tauben Ehemann und ihrer nörgelnden Tochter reden können.

In der folgenden Woche kündigte ich meiner Mutter an, dass eine junge Frau sie besuchen kommen würde. „Von diesem Programm im Krankenhaus, von dem ich dir erzählt habe. Sie müssen ein Gespräch mit dir führen, bevor du dich anmelden kannst.“

Meine Mutter war immer eine große Verfechterin von Projekten gewesen, von denen die Gemeinschaft profitierte. Vor zehn Jahren hatte sie Geldmittel von lokalen Unternehmen eingetrieben, um Warnleuchten zu bezahlen, die der Feuerwehr nachts den Weg zu den Hydranten zeigten. Ein anderes Mal ging es um ein Gerät, das Rehe davor bewahren sollte, auf den Highways überfahren zu werden. In früheren, glücklicheren Zeiten hätte sie vielleicht jemanden vom Heritage Program eingeladen, um die Arbeit bei ihrem Frauenverein vorzustellen.

Jetzt sieht sie mich argwöhnisch an. Als ich zu lange und zu überschwänglich von dem Programm rede – dem gegenüber ich selbst skeptisch eingestellt bin –, lehnt sie sich in ihrem grünen Schaukelstuhl zurück und sagt mit versteinerter Miene: „Wann?"

Die junge Frau ist kompakt gebaut, athletisch und ein bisschen lebhaft, aber nicht so sehr, dass sie meine Mutter abschreckt. Claudia befragt meine Mutter zu ihrer Krankheit, ihrer Vergangenheit, ihren Gefühlen bezüglich ihrer Behinderung. Ich lehne mich am Kamin zurück und füge ergänzend Informationen hinzu, wenn ich gefragt werde. Dann, wie um die Sitzung abzuschließen, sagt Claudia: „Ich muss Ihnen diesen kleinen Test geben, Frau Stem. Ich hoffe, Sie haben nichts dagegen. Er bestimmt nicht darüber, ob Sie in das Programm aufgenommen werden. Es hilft uns nur, Sie in das richtige Niveau einzustufen."

Aha, denke ich. Jetzt geht's ans Eingemachte.

Weil ich mich über dieses Thema informiert habe, weiß ich, dass die Fragen, die Claudia stellt, aus dem offiziellen Test zur Feststellung von Alzheimer stammen.

Im ersten Teil schneidet meine Mutter ziemlich gut ab. Sie weiß den Wochentag, den Monat und das Jahr, auch wenn sie unsicher ist, was das genaue Datum angeht. Sie weiß die Stadt, den Bezirk und den Staat, in dem sie lebt, und auch den Namen des aktuellen Präsidenten. Sie kann eine Uhr und einen Bleistift benennen, hat aber Probleme, das Wort „Welt" rückwärts zu buchstabieren und ist überfordert damit, von Hundert in Siebenerschritten rückwärts zu zählen.

Claudia reicht ihr ein Stück Papier, bittet sie, es zu nehmen, in der Mitte zu falten und dann auf den Boden zu legen. Meine Mutter führt diese dreiteilige Anweisung ohne zu zögern aus, auch wenn sie befremdet guckt. Sie stammelt ein wenig, als sie den Satz wiederholen soll: „Keine Wenns, Unds, Abers."

Als Claudia ihr dazu gratuliert, so gut abgeschnitten zu haben, fühlt sie sich einerseits erleichtert, andererseits ist sie misstrauisch, ob die junge Frau nicht doch herablassend wirkt.

Aber die Kandidaten für dieses Krankenhaus-Nirvana müssen noch eine weitere Hürde nehmen, bevor sie angenommen werden. Ein Gespräch mit einem Psychiater. Für meine Mutter war das ungefähr dasselbe wie eine Klapperschlange.

Das Wort „Psychiater" bedeutet, wenn man es auf seine griechischen Bestandteile herunterbricht, „Seelen-Doktor". Und auch wenn sie kein Griechisch kann, weiß meine Mutter, wann mit ihrer Seele gespielt wird. Ihr fehlt in diesen Dingen die gängige Achtung vor säkularen Experten. Bei dem Versuch, sie auf dieses Ereignis vorzubereiten, benutze ich das Wort „Arzt" statt Psychiater, sooft ich kann, aber meine Mutter lässt sich nicht täuschen. Sie weiß, dass sie sich einer Prüfung ihres Geisteszustandes unterziehen soll.

In der folgenden Woche schiebe ich den Rollstuhl meiner Mutter aus dem Fahrstuhl auf die dritte Etage des Krankenhauses und den Flur entlang zu Dr. W.s Büro. Er trägt Jeans, Cowboy-Stiefel und einen weißen Laborkittel. Ich sitze während der Vorfragen neben dem Rollstuhl meiner Mutter.

Dann bittet mich Dr. W., die beiden allein zu lassen. Ich bin nur zu froh darüber, über den Flur in das Mitarbeiterzimmer zu entkommen. Nach einiger Zeit werde ich wieder hereingerufen. Der Psychiater geht mit ihr ein paar Informationen durch, um Details zu klären, dann nickt er, steht auf und geht, dabei ruft er noch der Schwester ein paar Anweisungen zu.

In ihrem Rollstuhl sitzt meine Mutter steif vor Ablehnung. Ihre Nasenflügel beben. „Er hat sich nicht verabschiedet", sagt sie zu mir. „Was ist das denn für ein Benehmen?"

Der Arzt hatte meiner Mutter die tägliche Teilnahme beim Heritage Program verordnet, aber sie hatte sich nur zu drei

Vormittagen pro Woche bereit erklärt. Sie bezeichnet diese Gruppentreffen, völlig ohne Ironie, als ihre Schule. Entweder ist das ihre Art und Weise, dem Ganzen einen Sinn zu geben, oder das Gesicht zu wahren. Wahrscheinlich ein bisschen von beidem.

An jedem zweiten Tag hieve ich den Rollstuhl in den und aus dem geräumigen Kofferraum ihres Autos und schiebe sie in die dritte Etage des Krankenhauses. Am ersten Tag, während die Schwester meine Mutter auf einer Hebevorrichtung wiegt, höre ich der Unterhaltung zu, die am Tisch des Gruppenraums stattfindet. Die Hälfte der etwa ein Dutzend Leute am Tisch sitzt in Rollstühlen. Zwei sehen jünger aus als ich; eine von ihnen hat MS, die andere eine Rückenmarkverletzung.

Mittags, als ich komme, um meine Mutter abzuholen, essen alle am selben Tisch zu Mittag. Meine Mutter sieht von ihrem Brot auf. Sobald sie mich sieht, entspannt sich ihr Gesicht vor Erleichterung.

Nach den ersten beiden Wochen organisiere ich, dass der Krankenhausbus, der mit einem Rollstuhllift ausgestattet ist, meine Mutter abholen kommt. Weil auch ein paar andere „Schüler" abgeholt und nach Hause gebracht werden müssen, wird es für meine Mutter zu einer ziemlich langen Fahrt. Sie fängt an, über Rückenschmerzen zu klagen, vom vielen Sitzen in ihrem Rollstuhl.

Ich bringe sie also wieder selbst hin, aber am folgenden Wochenende sagt sie mir auf der Rückfahrt mit einer Stimme, die gleichzeitig vorsichtig und so nervös ist, dass sie zittert: „Ich weiß, dass dich das bestimmt verletzt, aber ich will nicht mehr zu diesem Ding im Krankenhaus zurück."

Ich nicke.

„So lange da zu sitzen – es tut einfach zu weh."

Ich nicke wieder.

„Und wenn ich auf die Toilette muss ... Das ist da nicht einfach. Man muss erst fragen."

„Ich verstehe."

„Und außerdem machen die jeden Tag dieselben Sachen und dieselben Leute wiederholen dieselben Sachen immer und immer wieder."

Soweit ich das verstehe, ist das der Sinn einer Selbsthilfegruppe. Ehrlich gesagt war ich selber nicht besonders beeindruckt von der Arbeit des Programms. Die versprochenen Kunst- und Musikstunden, die ich benutzt hatte, um meine Mutter zu überreden, fanden nie statt. Die Geldmittel, die ausreichen, um mindestens fünf Leute einzustellen und Dr. W. ohne Zweifel ein gesundes Zubrot sicherten, schienen für wenig mehr eingesetzt zu werden als für einen Babysitter-Service für behinderte Erwachsene.

„Das verstehe ich vollkommen, Mutter. Wenn du nicht das Gefühl hast, dass es dir was bringt, dann brauchst du auch nicht hingehen."

Sie lehnt sich zurück und seufzt. „Ich habe einfach das Gefühl, dass ich nicht mehr viel Zeit habe, und ich will sie nicht im Krankenhaus verbringen."

Fünf Monate später würde meine Mutter die kognitiven Fähigkeiten verlieren, die sie brauchte, um die Fragen in Claudias Test zu bestehen. Sie konnte „Welt" nicht mehr buchstabieren, weder vorwärts noch rückwärts, noch konnte sie von eins bis zehn zählen, noch viel weniger in Siebenerschritten. Sie wusste nicht mehr, welcher Tag war, noch ob wir überhaupt einen Präsidenten hatten.

Machte es mir etwas aus, dass meine Mutter die Fähigkeit verloren hatte, zu buchstabieren und zu zählen? Natürlich nicht. Analphabetismus ist nicht die Hölle. Aber ständige Angst ist es.

6
Verbleichendes Licht

Ungefähr zu der Zeit, als meine Mutter mit Parkinson diagnostiziert wurde, fing ich an, Punkte auf meinen Brillengläsern zu sehen. Dutzende Male am Tag nahm ich die Brille ab und versuchte, die hartnäckigen Flecken abzurubbeln. Nach Wochen, vielleicht auch Monaten, kam ich endlich zu dem Schluss, dass das Rezept falsch sein musste. Bei meinem nächsten Besuch wollte ich meinen Augenarzt bitten, es zu überprüfen. Aber Monate vergingen, bevor ich es schaffte, einen Termin zu vereinbaren.

Mein Augenarzt ist ein dünner Mann mit einer zurückhaltenden, sanften Art. Er rollte seinen Stuhl zu mir herüber, hielt eine Karte vor meine Augen und sagte: „Sehen Sie das Gitter mit schwarzen Linien? Okay. Sehen Sie den kleinen Punkt in der Mitte? Konzentrieren Sie sich auf den Punkt and sagen Sie mir, was mit den Linien passiert!“

„Die Linien verschwinden“, sage ich.

Er räuspert sich. „Na gut. Versuchen wir etwas anderes.“

Er machte noch ein paar andere Tests mit mir und guckte dann mit einer sehr hellen Lampe in meine Augen. Nach einer Weile höre ich ihn „Makula“ murmeln.

Ich fahre etwas benommen nach Hause. Ich wusste, dass Menschen mit Makuladegeneration irgendwann erblinden. Ich wusste nur nicht, wie lange es dauerte. Oder dass diese Krankheit unheilbar war.

Als David nach Haue kam, zeigte ich ihm ein Video in Zeitraffer, das ich im Internet gefunden hatte und auf dem angeblich verschiedene Stadien der Krankheit dargestellt waren. Wir sahen auf den Monitor, wie ein schwarzes Zentrum auf einem runden Foto sich langsam ausbreitete, bis es dann das gesamte Bild verdeckte.

Wie lange würde ich noch in der Lage sein zu lesen? Oder zu schreiben? Oder Auto zu fahren? Die Angst vor diesem und anderen Verlusten traf mich auf einmal. Wie sollte ich mich um meine Mutter kümmern, wenn ich nicht mehr sehen konnte?

Der Augenarzt machte einen Termin mit einem Retinaspezialisten. Ich suchte auf Seiten der zuständigen Behörden nach der offiziellen Definition für Blindheit im Sinne des Gesetzes. Nach Vorsorgeprogrammen für den Fall von Berufsunfähigkeit. Nach Programmen für das Training von Blindenhunden.

Im Gegensatz zu vielen der Ärzte meiner Eltern war Dr. H. ein älterer Mann. Was bei ihm noch an Haaren übrig war, schimmerte grau, und die Schultern seiner schwarzen Anzugjacke waren von einer leichten Schuppenschicht bestäubt.

„Nein“, sagte er, nachdem er in meine geweiteten Pupillen geschaut hatte. „Es ist keine Makuladegeneration.“

Bebend sog ich einen Atemzug der Dankbarkeit ein.

„Aber Sie haben einen anderen Zustand.“ Anstatt ihn zu benennen, bat er die Schwester, mir ein Kontrastmittel zu injizieren, und machte dann etwa ein Dutzend Aufnahmen vom Innern meines Auges. Dazu benutzte er ein Licht, das so stark war, dass ich vor Schmerz und Panik ganz schwach wurde. Er maß meinen Augeninnendruck – 24 mm im rechten und 18 im linken Auge.

„Was ist denn normal?“ fragte ich.

„Naja, alles unter 20 ist ... in Ordnung.“ Er hielt inne. „Aber jeder ist anders, wissen Sie.“

Über die nächsten neun Monate untersuchte mich Dr. H. mit einer Reihe merkwürdiger Geräte, setzte mich auf eine extrem salzarme Diät und verschrieb mir Augentropfen, die den Augeninnendruck verringern sollten.

Nichts von all dem erwähnte ich meiner Mutter gegenüber. Ich war so erleichtert gewesen zu hören, dass ich keine Makuladegeneration hatte, dass ich mir keine großen Sorgen über dieses bis jetzt noch unbenannte Problem machte.

Als mich eine Bekannte nach dem Gottesdienst fragte: „Wie geht es dir – mit deinen Augen?", starrte ich sie nur verständnislos an.

„Gut, glaube ich." Ich hatte nicht wirklich Zeit gehabt, darüber nachzudenken.

Die Sorge um meine Mutter war so stark wie nie zuvor. Sie merkte jetzt, wenigstens meistens, was mit ihr vor sich ging. Sie verlor ihren Verstand und der Teil davon, den sie noch behalten hatte, wurde sich dieser furchtbaren Tatsache bewusst.

Sie hatte angefangen, gekauftes Wasser zu verlangen, weil sie überzeugt war, dass etwas im Leitungswasser ihre Parkinson-Krankheit verursacht hatte. Bei dem Versuch, diese Ängste zu bekämpfen, hatte ich eine Wasserprobe an eine Behörde geschickt.

Nachdem die Wasserproben ohne jeglichen Befund zurückgekommen waren, sagte sie eines Tages zu mir: „Ich habe deinem Vater gesagt, er braucht kein Wasser in Flaschen mehr zu kaufen. Ich trinke einfach das Leitungswasser."

„Weil die Proben gezeigt haben, dass es sicher ist?"

„Nein. Weil es bedeutet, dass ich schneller sterbe", sagte sie und fing an zu lachen, und zwar natürlicher, als ich es seit Monaten gehört hatte.

In der Woche darauf brachte ich sie zur Vorsorgeuntersuchung beim Zahnarzt. Als wir gerade die Praxis verließen, sagte sie scheinbar ungerührt, dass sie nicht mehr dorthin gehen würde.

„Was meinst du?", fragte ich. „Du gehst doch immer ganz regelmäßig, alle 6 Monate."

„Ich weiß. Das wäre dann im Februar."

„Und?“

„Ich erwarte nicht, dass ich dann noch hier bin.“

Ich fing an zu protestieren, hielt mich dann aber zurück. „Glaubst du das wirklich, Mutter?“

„Ja“, sagte sie fest, „das tue ich.“

„Und du versuchst, dich darauf vorzubereiten?“

„So gut ich kann.“

„Ich weiß, dass es schwer ist.“

Sie setzte ihre Sonnenbrille auf und wechselte das Thema.

Am nächsten Tag war dieselbe Person, die im Angesicht völligen Unheils vernünftige Pläne für die Zukunft machen konnte, die Mutter, die nicht nur ein verlässlicher Ruhepol für ihre Kinder, sondern auch für ihre Geschwister gewesen war, wieder verschwunden.

Als ich meinen morgendlichen Anruf machte, fragte ich sie, wie es meinem Vater ging. Er hatte nach seiner Herzoperation noch einige Schmerzen gehabt. „Besser, hoffe ich.“

„Ich weiß es nicht“, antwortete sie. „Ich habe ihn heute morgen nicht gesehen.“

Ich lachte unsicher. „Aber er hat dir doch sicher wie immer dein Frühstück gemacht.“

„Nein“, sagte sie. „Es war einer dieser Männer, die hier zu tun haben.“

Später am Nachmittag blieb ich bei ihr, während mein Vater einkaufen ging. Sie fing mit ihrer üblichen Auflistung der Sachen an, die sie an diesem Morgen gemacht hatte, so als ob sie es in ihrem eigenen Gedächtnis verfestigen wollte. Plötzlich, mitten in einem Satz, ergab ihre Sprache keinen Sinn mehr. Die Laute zerfielen in nicht miteinander verbundene Sätze und einzelne Worte.

„Ich musste diese Papiere sortieren ... die langen Schüsseln mit Essen ... was sie aßen.“

Sie hielt inne, bemerkte, dass etwas nicht stimmte. „Ich weiß nicht mehr, was ich sagen wollte“, sagte sie und klang genauso überrascht, wie ich mich fühlte. Sie hob eine dünne Hand und streckte sie aus, ihre Finger streckten sich in einer kleinen hilflosen Geste. Oder war es Resignation? Scham? Geduld? Einen Moment später legte sie ihre Hände sorgfältig in den Schoß und saß ganz still.

Ich reichte hinüber und berührte ihr Knie.

Noch einen Moment später schaute sie zu mir hoch, ihre Augen sahen schon heller aus. „Habe ich dir schon mal erzählt, dass dein Vater einen Zwilling hat?"

Ich schüttelte den Kopf.

„Er war zum Frühstück hier. Er hat gesagt, dass er aus …" Sie machte eine Pause und formulierte die Worte vorsichtig, „Willow Creek kommt."

„Wirklich?"

„Ja. Und er war überall, wo dein Vater auch war. Er kennt sogar dieselben Leute." Sie sah mich eindringlich an. „Ist das nicht unglaublich?"

Ich zog eine Augenbraue hoch und legte den Kopf schief, um meine zögerliche Zustimmung zu signalisieren.

Sie schüttelte den Kopf und schaute weg. „Es war so merkwürdig." Ihre Stirn zog sich kurz in Falten. „Weißt du, da waren zwei Männer", sie hielt zwei Finger hoch, „aber nur eine Person."

Sie schüttelte wieder den Kopf und fixierte mich mit einem aufmerksamen Blick, als ob sie mir ein wichtiges, aber schwieriges Konzept wie die Trinität vermitteln wollte. „Zwei Menschen, aber eine Person."

Der Druck in meinen Augen blieb weiterhin um etwa 18 im rechten und 16 im linken. „Im normalen Rahmen", sagte Dr. H.

„Aber meine Sehkraft scheint etwas nachzulassen", berichtete ich. „Warum ist das so?"

„Die Schädigung ist wahrscheinlich ein Überbleibsel. Und

zeigt sich erst jetzt von einer früheren Drucksteigerung. Das dauert manchmal." Er runzelte die Stirn. „Wir machen ein CT. Es besteht immer die Möglichkeit, dass es ein kleiner gutartiger Tumor auf dem Sehnerv ist."

Ich fand diese Antwort wenig tröstlich. „Ich bin Schriftstellerin", erzählte ich ihm. „Ich kann es mir nicht leisten, mein Augenlicht zu verlieren."

Dr. H. stand auf und räumte seine Instrumente weg. „Jedem ist sein Augenlicht wichtig", sagte er steif. „Ich bin mir sicher, dass ein Straßenarbeiter seine Augen genauso wertschätzt wie Sie."

Er stand auf und reichte mir die Überweisung für das CT. „Sollte ich mir Sorgen machen?", fragte ich, als ich sie nahm.

„Keine Sorgen", sagte er, „sagen wir mal, sie sollten beunruhigt sein."

Ich habe keinerlei Erinnerung an die Untersuchung, obwohl ich auf einer alten Versicherungsrechnung sehen kann, dass sie durchgeführt wurde.

Ich erinnere mich allerdings daran, dass ich im selben Sommer Ella traf, eine Frau, die jeden zweiten Tag ins Haus meiner Eltern kam, den Haushalt machte und so viel kochte, dass es für den dazwischenliegenden Tag auch noch reichte.

Die Schwester meiner Mutter, eine pensionierte Krankenschwester, drängte mich, mich nach einem Pflegeheim in der Umgebung umzusehen. Aber ich war der Meinung, dass Ella eine sehr viel bessere Lösung wäre. Sie musste etwa in meinem Alter sein. Sie war dünn und hatte müde Haut, die von jahrelangem Rauchen zeugte. Sie war freundlich, geduldig und sah in meiner Mutter nie etwas Geringeres als einen Menschen. Ella setzte sich zu ihr und hörte mitfühlend zu, wenn meine Mutter Geschichten aus einer wahren Vergangenheit und einer Fantasie-Gegenwart erzählte. Ella konnte sie sogar dazu überreden, ein Bad zu nehmen.

Als ich meiner Mutter einen Rollstuhl besorgte, schluchzte

mein Vater, als er mir half, ihn aus dem Kofferraum zu holen. Am Anfang weigerte sich meine Mutter noch, ihn zu benutzen, außer wenn ich sie einkaufen fuhr. Wir rollten dann die Gänge im Wal Mart rauf und runter, mit jeder Menge Plastiktüten am Lenker. Andere Warenhäuser waren da schon schwieriger, vor allem wenn Weihnachtsdekoration die Gänge verstellte. Trotzdem schafften wir es, für alle, inklusive ihrer fünf Urenkel, ein Geschenk zu kaufen.

Die Feiertage waren allerdings ein Desaster. Gäste im Haus zu haben stürzte meine Mutter am Weihnachtstag in einen Orkan unkontrollierter hysterischer Anfälle. Ich musste sie ins Schlafzimmer führen, heulend und jammernd. Mein Bruder und ich schafften es, ihr eine Schlaftablette zu geben, die sie ruhigstellte, bis die Gäste weg waren.

Ella hatte die Woche freigenommen, um über die Feiertage bei ihrer eigenen Familie zu sein. Aber in der ersten Woche des neues Jahres rief Ellas Tochter an, um uns mitzuteilen, dass ihre Mutter sehr krank war. Noch einen Monat später wurde bei einer Untersuchung im Krankenhaus festgestellt, dass Ellas alte Krebserkrankung wieder aufgetreten war. Sie kam nie mehr zurück. Eine Woche vor Ostern starb Ella.

In der Zwischenzeit hatte sich Dr. H. immer noch keine Meinung darüber gebildet, was genau meine Sehkraft einschränkte.

Den ganzen Winter über war es mit dem Sehen schlechter geworden. „Wenn mir nicht bald geholfen wird, werde ich nicht mehr fahren können“, sagte ich zu David. „Ich glaube, ich brauche eine zweite Meinung.“

Zwei Wochen später war ich im Texas Medical Centre in Houston und lauschte einem Experten in blauer OP-Kleidung, der jung genug war, um mein Sohn zu sein. Er rieb sein stacheliges Kinn. „Es könnte grüner Star sein, aber die Gesichtsfelduntersuchung zeigt dafür keinen typischen Ausfall. Normalerweise fängt grüner Star an der Peripherie an, nicht im zentralen Sehfeld. Ein winziger Tumor, der auf dem CT nicht zu sehen war, könnte sich dort verstecken."

Aber ein MRT fand auch keinen Tumor.

„Wissen Sie was", meinte er schließlich, „ich schicke Sie jetzt ein paar Zimmer weiter zu einem Herrn, den wir unseren Grünen-Star-Guru nennen. Ich selbst bin etwas ratlos."

Der Guru, Dr. F., war höchstens fünf Jahre älter als der erste Arzt. Er sprang von einem Behandlungszimmer zum nächsten, rief seiner Gefolgschaft – einer Reihe von Assistenten und Stationsärzten – über die Schulter seine Anweisungen zu. Er studierte mein Krankenblatt und strich dabei seine rot-goldenen Haarlocken in schnellen, ruckartigen Bewegungen zurück. Dann lächelte er mir kurz zu, rollte einen Hocker zu meinem Stuhl und begann wieder die Prozedur mit dem grellen Licht.

Ich hielt den Atem an, wartete auf das Urteil des Gurus. „Lassen Sie uns noch ein Gesichtsfeld machen", sagte er zu seinem Assistenten. „Ich brauche einen Ausgangswert."

Augenärzte machen diesen Test oft als Teil ihrer Routineuntersuchung. Man hält dabei seinen Kopf in ein schraubstockartiges Gerät und guckt geradeaus auf die Innenseite einer perfekten weißen Hohlkugel. Die Assistentin reicht einem dann ein Kabel mit Knopf, auf den man immer drücken muss, wenn man glaubt, ein Licht aufblitzen zu sehen. Manche der Lichtblitze sind hell, andere sind so schwach, dass man sich nicht sicher ist, ob man ihn überhaupt gesehen oder ihn sich nur eingebildet hat. Und während man noch dabei ist, sich zu entscheiden, blitzt schon das nächste Licht auf. Die Nervosität steigt. Man versucht, die Anzahl an Lichtern aufzuholen, aber während man das versucht, blitzen irgendwo schon andere auf. Man fühlt sich hoffnungslos verwirrt und ist sich sicher, den Test nicht bestanden zu haben. Aber der Entwickler des Tests hat das natürlich so vorhergesehen und eine statistische Spanne eingeplant, um die eigene Unsicherheit und Frustration auszugleichen.

Als ich fertig bin, händigt mir der Untersucher einen Ausdruck aus, den ich Dr. F. geben soll. Das Diagramm zeigt einen dunklen Fleck, der etwa ein Drittel des rechten Sehfeldes bedeckt, den mittleren Teil. Ein weiteres Drittel ist grau. Das linke Auge zeigt glücklicherweise mehr weiß auf. Als Dr. F. die Ergebnisse sieht, hebt er eine Augenbraue. „Okay", meint er, „machen wir eine Nervenfaseranalyse."

Die Nervenfaseranalyse ist weniger anstrengend als der Gesichtsfeldtest und die Ergebnisse sahen sehr viel aufregender aus – grellrote, gelbe, orange und blaue Klekse von etwas, das wohl meinen Sehnerv darstellen soll. Ich trug die Bilder wieder zu Dr. F.s Zimmer-Komplex und reichte sie einem seiner Assistenten. Dann tauchte plötzlich Dr. F. auf, und schaute ihm über die Schulter. Ohne ein Wort zupfte er die Blätter aus der Hand seines Assistenten und sagte, während er die Tür zum Behandlungszimmer offen hielt: „Kommen Sie bitte herein. Ist Ihr Mann mitgekommen? Gut. Er sollte auch dabei sein."

Dann sagte er nichts mehr, bis wir alle Platz genommen hatten.

„Ich habe ein paar Neuigkeiten für Sie, ähm, die nicht so gut klingen werden."

Die Worte drangen erst gar nicht zu mir durch. Ich hatte erwartet, eine Diagnose zu hören, nicht „Neuigkeiten".

„Sie haben auf jeden Fall grünen Star. Das Problem ist, dass er schon so weit fortgeschritten ist, dass es fast zu spät ist, um zu behandeln."

Der Assistent öffnete die Tür und sagt sanft: „Roger ist da. Er will wissen, ob ..." Aber Dr. F. war schon aus der Tür.

David und ich saßen in fast völliger Dunkelheit, lange Zeit sagte keiner von uns etwas. Ich war mir nicht einmal sicher, ob ich den Arzt richtig verstanden hatte.

Ein paar Minuten später war Dr. F. zurück. „Entschuldigung. Also, wo waren wir?“ Er setzte sich an den Schreibtisch und nahm sich die grellbunten Bilder vor. „Dieser Test zeigt“, fing er an, „dass Sie bereits 95 Prozent des rechten Nervs verloren haben und, ähm, ungefähr 85 Prozent des linken.“

Ich saß einen Moment da und hörte auf zu atmen. Dann sagte ich: „Das bedeutet, dass ich nur noch fünf Prozent auf meinem rechten Auge und 15 auf meinem linken übrig habe?“

Er neigte den Kopf in einer Geste teilweiser Zustimmung. „So ungefähr.“

„Aber …“, ich stockte.

„Wie kann sie dann noch so gut sehen?“, warf David ein.

Dr. F. sah erleichtert aus, eine Frage zu hören, die er auch beantworten konnte. „Redundanz“, sagte er sofort. „Die Netzhaut besitzt so viele Rezeptoren, dass man normalerweise zurechtkommt, auch wenn viele von ihnen aufhören zu funktionieren.“

„Aber fünf Prozent“, wiederholte ich, immer noch ungläubig.

„Natürlich gibt es eine Grenze“, meinte er und zeigte auf den Ausdruck des Tests. „Wie Sie sehen können, gibt es Bereiche, wo nichts mehr funktioniert.“ David verließ seinen Stuhl in der Ecke und beugte sich über die Testergebnisse.

Als Dr. F. wieder sprach, merkte ich, wie sich sein Tonfall änderte. „Also gut. Was wir also brauchen, ist eine sehr aggressive Behandlung, um das Wenige zu retten, was noch da ist.“

Ich nickte, immer noch wie betäubt.

Er zog eine flache Schublade auf und nahm drei winzige Plastikfläschchen heraus. „Ich gebe Ihnen drei verschiedene Tropfen.“ Er sprach schnell. „Es kann sein, dass Sie nicht alle vertragen, aber ich möchte erst mal alles versuchen, was ich habe, und hoffen, dass eins davon oder eine Kombination hilft.“

„Aber ich habe die ganze Zeit schon Tropfen genommen. Was ist da passiert?“

Dr. F. zuckt die Achseln. „Die Medikamente werden schwächer“, sagte er.

„Schwächer?“, wiederhole ich.

„Die Wirkung lässt mit der Zeit nach.“

Eines der neuen Medikamente fühlte sich wie Sandpapier in meinen Augen an und ich musste es absetzen.

Aber mein Augeninnendruck war gesunken. Dr. F. strahlte. „Ehrlich gesagt hatte ich nicht damit gerechnet, dass die Tropfen überhaupt wirken würden. Ich dachte, wir würden bald einen Operationstermin machen.“ Er schrieb etwas auf seinen Rezeptblock. „Aber es sieht aus, als ob Sie damit mindestens die nächsten sechs Monate überstehen werden.“

Sechs Monate? Ich holte tief Luft und fragte sachlich: „Und dann?“ Ich hatte gelernt, wenn man die Wahrheit von Ärzten erfahren will, darf man keine Anzeichen von Panik erkennen lassen.

Er tätschelte mir die Schulter, bevor er zur Tür eilte. „Darum kümmern wir uns, wenn es so weit ist.“

Es war nicht gerade das, worum ich mich gern kümmern wollte. Viel eher wollte ich in der nächsten Woche den Atlantik überqueren. David und ich hatten unseren ersten Urlaub geplant, seit wir wieder nach Texas zurückgezogen waren – zwei Wochen in England. Da meine unmittelbaren Sorgen wegen meiner Augen beruhigt waren, konzentrierte ich mich darauf, Reiseführer zu lesen. Irgendwie vergaß ich Dr. F.s Frist von sechs Monaten völlig.

Wir waren in Cambridge und verließen gerade das King's College nach der Abendandacht, als ich Davids Arm packte.

„Ist plötzlich ein Gewitter aufgezogen?“, fragte ich ihn.

„Nein. Warum?“

„Bist du sicher, dass es nicht bewölkt ist? Irgendwie sieht es auf einmal so düster aus.“

Er starrte mich an, dann legte er seine Hand auf meine. „Geh vorsichtig."

Am Abend, bevor wir nach Hause flogen, aßen wir draußen im Six Bells, einem Pub aus dem 15. Jahrhundert gleich beim Mole River. Acht Jahre zuvor, was mir jetzt wir eine Ewigkeit vorkam, hatten meine Mutter und ich hier zu Mittag gegessen. Ich hatte sie gefragt, ob sie bereit war, wieder nach Hause zu fliegen, da unsere Reise sich dem Ende zuneigte.

„Nein", seufzte sie und sah den Blüten eines Limonenbaums hinterher, die den Fluss hinabtrieben. „Ich wünschte, das hier würde ewig so weitergehen."

Genauso fühlte ich mich jetzt auch. Ich wollte nicht hören, was mir Dr. F. zu sagen hatte, wenn ich wieder zurück war.

Drei Wochen später liege ich auf einer Krankenliege im Vorbereitungsraum vor dem Operationssaal der Medical Clinic, während der diensthabende Assistenzarzt, ein türkischer Anästhesist namens Dr. A., wissen will, wie viel ich wiege, damit er berechnen kann, wie viel Betäubungsmittel er mir gleich in den Arm spritzen wird.

Dr. F. eilt an meiner Liege vorbei. „Wie geht's Ihnen denn?"

„Kalt."

„Das können wir beheben", sagt er überschwänglich und nimmt eine Decke, meine dritte, aus einem Wärmeschrank.

Dr. F. benimmt sich immer wie der Gastgeber auf einer Party, der von einem Gast zum nächsten schwirrt, versucht, seine Gäste bei Laune zu halten, und will, dass alle glücklich sind. Gleichzeitig vergisst er dabei nie, dass er nun mal der Gastgeber und dass das hier seine Party ist.

Ich fange an, ihm Fragen zu stellen, ich habe Hunderte Fragen, aber schon wird die Liege weggeschoben und mir wird eine durchsichtige Plastikmaske auf das Gesicht gelegt. Jemand klemmt einen Lidsperrer in mein rechtes Auge.

Ich weiß schon, dass ich während der Operation mehr

oder weniger wach sein werde – eine Trabekulektomie, die Dr. F. mit der Selbstverständlichkeit eines Insiders auf „Trab“ verkürzt.

„Ich kann durch dieses Mikroskop nicht sehen“, beschwert sich eine Assistentin zu meiner Rechten.

Hinter meinem Kopf höre ich Dr. F.s Stimme: „Das ist das neue. Was geht denn nicht? Können Sie nicht scharfstellen?“

Sein Lehrling reagiert einen Hauch gereizt: „Es ist keine Frage der Schärfe. Ich kann überhaupt nichts sehen.“

„Meins funktioniert prima“, sagt Dr. F., „und es ist 25 Jahre alt. Reichen Sie mir eine Klinge.“

Ich zucke zusammen.

Dr. F.: „Können Sie hier tupfen? Ich sehe nichts. Das Blut ist im Weg.“

Ich fühle, wie etwas meine Wange streift.

Dr. F. wieder: „Ich brauche einen Löffel. Geben Sie mir einen Löffel.“

„Einen Löffel!“, platze ich raus. „Sie machen das mit einem Löffel?“

„Nur eins der Instrumente“, sagte Dr. F. kurz. „Sie müssen schon ruhig sein, sonst kann ich mich nicht konzentrieren.“

Ich versuche, ruhig zu sein, aber nicht wegzunicken. Ich höre das Schnappen der Schere, die Kommentare von Dr. F. über die Größe des „Schnitts“, den er entfernt. Mein Herz, das auf dem Monitor zirpt, wird für ein paar Schläge schneller, wenn ich einatme und wieder langsamer, wenn ich die Luft rauslasse.

Dr. F. seufzt noch einmal auf und sagt dann zu seiner Assistentin: „Gut, möchten Sie zumachen?“

„Gerne. Mein Mikroskop funktioniert jetzt.“

„Ja, verstehe. Es war nicht eingestöpselt. Haben Sie das nicht bemerkt? Nehmen Sie die 30er zum Verschließen.“

Sobald Dr. F. aus dem Raum ist, fange ich an, den jungen Assistenten auszuquetschen. „Wie kann man einen Augapfel nähen? Ist das nicht wie Wackelpudding nähen?“

„Man näht nicht den Augapfel selbst", sagt er. „Über dem Glaskörper ist eine Haut – eine Membran. Die nähe ich."

Ich höre dem Klappern seiner Schere zu, fühle das Ziehen der ominösen 30er, frage mich, ob die Maßeinheit dieselbe wie für Angelleinen ist. Aber ich frage ihn nicht, um ihn nicht abzulenken.

Dr. A, der so leise ist, dass ich mir nicht sicher bin, ob er noch da ist, entfernt die Kanüle aus meinem Arm und schaut zur Uhr. „45 Minuten. Nein, 46."

Werden die im Operationssaal nach Minuten bezahlt? Oder wetten sie darauf, wer es heute in Bestzeit schafft?

Während die Schwester einen Schutzschild über mein Auge klebt, fängt Dr. F. an, mir jede Menge Anweisungen zu geben. „Lassen Sie den Schutz über Nacht an. Ich entferne ihn morgen. Sie sollten keine großen Schmerzen haben, aber wenn doch, können Sie Schmerzmittel nehmen. Nicht bücken, nichts heben oder sich anstrengen. Morgen gebe ich Ihnen andere Tropfen zum Einnehmen. Mal sehen ... wann passt es am besten?"

Er schnappt sich den Hörer vom Wandtelefon und drückt ein paar Zahlen. „Wann fliege ich morgen? Okay." Er legt auf und sagt: „Sieben Uhr dreißig. Oben. Alles wird gut."

Und genauso war es auch. „Wie im Buche", meinte Dr. F. bei der Nachuntersuchung.

Nur, wie lange wird es helfen? Ich will wissen, wie die Chancen stehen. Als ich Dr. F. frage, was ich in fünf Jahren zu erwarten hätte, sagt er ungerührt: „Keine Ahnung."

Fakten über Erblindung, das finde ich heraus, sind genauso tückisch wie die über das Gehirn. Die Wahrscheinlichkeiten lassen sich schwer errechnen. Wer, wie ich, grünen Star im Endstadium hat, durchlebt kein allmähliches Abdriften in die Dunkelheit. Stattdessen fällt man immer wieder über die Kante einer Reihe von Plateaus. Erst ein Jahr später wird mir bei einem Sehtest gesagt, dass ich eines Tages aufwachen und feststellen könnte, dass meine komplette Sehkraft einfach über Nacht verschwunden ist.

„Das wird Ihnen hier natürlich kein Arzt sagen“, sagt die Assistentin und reicht mir einen Katalog mit „Hilfsmitteln“. „Aber ich wäre überrascht, wenn Sie es noch fünf Jahre weiter schaffen.“

So wie die meisten Menschen, habe ich mir Blindheit immer als einen dunklen Raum vorgestellt, völlig schwarz. Aber 80 Prozent der offiziellen Blinden haben noch Sehkraft, auch wenn sie nur noch Licht und Dunkelheit unterscheiden können. Blindheit kommt in vielen Verkleidungen. Manche Menschen verlieren zuerst das Sehen im Sehzentrum. Bei anderen werden die Ränder des Gesichtsfeldes immer kleiner. Das allmähliche Absterben der Zellen meines Sehnerves hat zu Leerstellen auf meiner Netzhaut geführt. Diese Stellen nehmen gar nichts mehr auf. Keine Dunkelheit, einfach gar nichts.

Das Gehirn lernt schnell, die fehlenden visuellen Informationen auszugleichen. In einem Spiegelkabinett kann man sich schon mal verwirren lassen von den optischen Täuschungen, die dem Gehirn etwas vormachen. Aber mit der Zeit schafft es das Gehirn, die verzerrte visuelle Information zu sortieren. Mein Gehirn zum Beispiel füllt die Leerstellen mit etwas aus, das ich als Schlieren bezeichnen würde. Dieser Trick funktioniert ziemlich gut, auch wenn ich später entdecken würde, dass er für manche Aktivitäten nicht gut genug funktioniert. Beim Lesen zum Beispiel. Und beim Autofahren.

Ich lernte schnell, wie sich Abhängigkeit anfühlt. Um am Tag nach der Operation Fahrstühle, Treppen und Durchgänge zu finden, griff ich immer nach Davids Arm. Ich wollte ihn immer in meiner Nähe haben, in Reichweite. Sonst fühlte ich mich leicht panisch, orientierungslos. Nach ein paar Wochen merkte ich, wie leicht es wäre, ihn einfach als Erweiterung meines eigenen Körpers zu behandeln, seine Hände, Füße und Augen zu meinen zu machen. Ich hätte ohne Weiteres seine ungeteilte

Aufmerksamkeit als selbstverständlich ansehen können, so wie ich von meinen eigenen Händen und Füßen erwarte, dass sie automatisch meine Bedürfnisse erfüllen. Und dass er auch sofort merkte, wenn ich keine Hilfe wollte. Das würde ein heikler Balanceakt werden.

Für David wurde ich zu einer merkwürdigen Mischung aus Schatz und Last. Ich musste beschützt, umsorgt und befördert werden. Er wiederum erwartete manchmal, dass ich genauso willenlos wie ein Koffer wäre. Ich machte ihm keinen Vorwurf. Ich hatte mich um meine Mutter gekümmert; ich verstehe, wie ungeduldig man werden kann bei dem Versuch, jemanden über eine befahrene Straße zu lotsen und dieser Jemand zum Beispiel will, dass man ihr jeden Schritt erklärt. Es ist eine Art Tanz, den wir beide lernen müssen. Wie man es schafft, nicht zu fordernd zu sein, nicht zu abhängig, nicht zu willkürlich. Dasselbe Menuett, das ich mit meiner Mutter vollführte. Nur dass jetzt die Seiten gewechselt hatten.

Im Sommer nach meiner ersten OP sprach ich mit Lola, der 90-jährigen Cousine meiner Mutter, deren Erblindung aufgrund einer Makuladegeneration rasch voranschritt. „Meine Enkeltochter“, vertraut mir Lola an, „war furchtbar aufgebracht, als sie von meiner Diagnose erfuhr. Weinte und versuchte tapfer zu sein.“ Lola schüttelt den Kopf. „Schließlich habe ich gesagt, ‚Okay, junge Frau, wir werden jetzt ein für alle Mal darüber reden.‘“ Lola wedelte mit dem Zeigefinger, als sie die Szene nachstellte. „‚Und dann will ich nichts mehr darüber hören.‘“

Ich verbringe nicht viel Zeit damit, darüber nachzudenken, wie es sein wird, zu erblinden. Und, genau wie Lola, macht es mir noch weniger Spaß, darüber zu reden. Wenn ich doch mal daran denken muss, dann spiegeln die ersten Verse von Miltons Sonnet über die Blindheit am besten meine Gedanken wider: „Wenn ich bedenke, wie mein Licht verblich …“ Wie soll ich das Licht verwenden, das ich noch habe – das ist es, was mich am meisten beschäftigt.

Der verstorbene Autor Mark O'Brian besuchte College-Seminare, und zwar auf einer Liege, die er mithilfe eines der vier Muskeln bewegte, die in seinem Körper noch funktionierten. „Einen behinderten Menschen mutig zu nennen", schrieb er, „ist so, als wenn man sagt, ein Schwarzer habe ein natürliches Rhythmusgefühl."

Ein Berater, der gerade dabei war, mir Informationen über Behindertenprogramme zu geben, wurde von einem Moment auf den anderen rot vor Scham „Also nicht, dass Sie behindert sind", stammelte er. „Ich meine, es ist ja nicht so, dass etwas mit Ihnen nicht stimmt."

„Hören Sie", antwortete ich, „offensichtlich stimmt etwas bei mir ganz gewaltig nicht. Nicht sehen zu können ist definitiv eine Behinderung. Keine Angst, die Wahrheit ist keine Beleidigung für mich."

Auf der anderen Seite fühle ich mich, wie Mark O'Brian, schnell angegriffen, wenn mir automatisch bestimmte Eigenschaften zugeschrieben werden. Mut ist kein automatischer Nebeneffekt von Blindheit. Manche Querschnittsgelähmte sind tapfer, manche jammern. Dasselbe gilt für Blinde. Und die meiste Zeit reden sie, wie Lola, lieber über etwas anderes.

Am Anfang dachte ich noch, dass mir das Lesen am meisten fehlen würde. Aber ich wurde schnell eine regelmäßige Nutzerin der Hörbuchabteilung der Bibliothek. Wörter sind nun mal vor allem Laute, nicht Zeichen. Jetzt nehme ich Bücher lieber über mein Gehör auf als über die Augen. Vielleicht war es ein frühes, wenn auch in seiner Bedeutung nicht geahntes Geschenk meiner Mutter, dass sie mir als Kind vor dem Insbettgehen jeden Abend etwas vorlas.

Mein größter Verlust waren nicht Worte, sondern Landschaften. Die Details in der Natur. Klare Horizonte, Blattadern, konzentrierte Farbe. Ich ziehe es noch immer vor, die Welt realistisch zu sehen, nicht wie bei Renoir.

Meine Freundin Lee meint, dass ich ihren größten Albtraum durchmache. Aber ich kann mir Schlimmeres vorstellen. Den meiner Mutter zum Beispiel. Vielleicht verliere ich meine Sehkraft, aber sie verliert sich selbst. Manche Teile von uns können wir leichter entbehren als andere.

Es ist besser, sage ich zu meiner Freundin und paraphrasiere etwas aus der Bibel, mit einem Auge zu leben, als mit zwei Augen in die Hölle der Demenz geworfen zu werden.

7
Der Zusammenbruch

Als ich noch ein Kind war, machte meine Mutter immer viel Aufsehen um Geburtstage. Das Geburtstagskind bekam an diesem Tag nicht nur Geschenke, sondern auch die besondere Aufmerksamkeit aller, inklusive des Lieblingsessens zum Abendbrot. Und auch als ich schon von zu Hause ausgezogen war, konnte ich immer auf ein Päckchen und einen Anruf von zu Hause zählen.

An meinem 58. Geburtstag, als ich meinen mittlerweile allmorgendlichen Anruf bei meinen Eltern machte, schien keiner von beiden sich bewusst zu sein, dass dies kein normaler Tag war. Mein Vater erwähnte nur einen „leichten Sturz", den meine Mutter am Morgen gehabt hatte.

„Ist aber nichts weiter", sagte er.

Meine Mutter war in der letzten Zeit oft gestürzt. Erst eine Woche zuvor hatte ich, als ich gerade durch das Gartentor kam, die beiden die Straße hinaufkommen sehen, wo sie immer ihre Abendspaziergänge machten.

Ich hob meine Hand, um zu winken und in diesem Moment stolperte meine Mutter und kippte zusammen wie eine Marionette, deren Schnüre plötzlich gekappt worden waren.

Einen Moment lang schien die Zeit nicht weiterzufließen und verwandelte sich stattdessen in eine Serie einzelner Fotos. Auf dem ersten Bild fällt sie und der Saum ihres blaurosa Kleides weht hinter ihr hoch. Auf dem nächsten sind ihre Arme weit ausgebreitet und ihr Gehstock hängt mitten in der Luft, während das Gesicht meines Vater etwas wie Verblüffung ausdrückt.

Der Fotoapparat klickt noch einmal und dann sehe ich ihn auf seinen Knien neben ihr.

Das alles passiert in einem einzigen Moment und dann fängt die Zeit wieder an sich zu bewegen und ich versuche, Luft zu holen und gleichzeitig etwas zu rufen.

„Nicht bewegen! Bist du okay?"

Als ich sie erreiche, schaut meine Mutter benommen und mein Vater versucht schon wieder, den Eindruck zu machen, er sei ganz ruhig und habe alles im Griff. Sie setzt sich auf und zeigt auf ihre Brille, die über die Einfahrt geschliddert ist. Ich hole sie zurück und wir gehen ins Haus, holen ihr ein Glas Wasser und versuchen, die Peinlichkeit zwischen ihnen zu überspielen.

Kaum ein paar Tage später fiel meine Mutter erneut, diesmal bei dem Versuch, ein paar Tassen in die Küche zu bringen. Ich war zu dem Zeitpunkt nicht da. Ich musste meinen Eltern glauben, dass sie sich außer einer Schramme an der Hand nicht ernstlich verletzt hatte.

Als mein Vater an diesem Geburtstagsmorgen also den „leichten Sturz" erwähnt, nehme ich an, dass er vergleichbar ist mit einem dieser vorherigen und ich mich später darum kümmern kann, bevor ich zu einem Termin bei meinem eigenen Arzt muss.

Ich komme gegen ein Uhr vorbei. Meine Mutter ist im Bett und ihre Cousine Margaret versucht, sie dazu zu bringen, ihr Mittagessen zu essen, das auf einem Tablett vor ihr steht. Margaret sieht mich quer durchs Zimmer hinweg an und gibt mir zu verstehen, dass sie besorgt ist. Ich sage, dass ich zurück bin, so schnell ich kann.

Um 15 Uhr 30 finde ich meine Mutter immer noch verwirrt und verängstigt vor. Als Margaret und ich versuchen, sie auf den Nachtstuhl neben ihrem Bett zu hieven, merke ich, dass sie ihre Beine nicht bewegen kann. Sie scheint auch nicht zu verstehen, als ich ihr sage, dass sie ihre Arme um meine Hüfte legen soll, um sie rüberzuheben. Ich lasse sie fast fallen, als ihre Muskeln sich verkrampfen.

Ich trete einen Schritt zurück, hole einmal tief Luft und versuche, meine eigene Panik zu verbergen. Margaret starrt mich an.

„Das hier ist gefährlich", sage ich.

Sie nickt.

Ich gehe zum Telefon im Wohnzimmer und rufe den Hausarzt meiner Mutter an, der mich bittet, sie ins Krankenhaus zu fahren, wo er uns dann in der Notaufnahme treffen wird.

Irgendwie schaffen es mein Vater, Margaret und ich, meine Mutter in ihren Rollstuhl zu heben.

Während ich ihn durch die Schlafzimmertür hindurch und den Flur entlangbugsiere, sind die Augen meiner Mutter vor Angst weit aufgerissen. Sie klammert sich am Türrahmen fest. Sanft löse ich ihre Finger.

„Wir müssen jetzt ins Krankenhaus fahren, Mutter." Ich flüstere die Worte, damit meine Stimme nicht bricht. Ich weiß, dass dies das letzte Mal sein könnte, dass sie ihr Zuhause sieht. Ich stopfe diesen Gedanken resolut in eine dunkle Ecke meines Verstandes.

Eine Stunde später, während meine Mutter beim Röntgen und CT ist, essen David und ich ein schnelles Abendessen bei dem Burger King gleich neben dem Krankenhaus. Mein Vater hat sich geweigert, den Wartesaal der Notaufnahme zu verlassen.

„Herzlichen Glückwunsch", sagt David und hebt seinen Plastikbecher, um auf den Anlass anzustoßen.

„Was für ein Geburtstagsgeschenk, was?"

Ich zucke mit den Schultern und starre auf das Bällchenbad, in dem eine paar Krabbelkinder Arme voll Plastikbälle aufheben und über ihre Köpfe werfen.

Meine Mutter hatte das Thema Pflegeheim vor ein paar Wochen angesprochen. Wir saßen an einem Spätnachmittag auf ihrer Veranda. Sie redete zusammenhängender als schon seit geraumer Zeit.

„Es wird schlechter mit mir“, sagte sie.

Ich hielt den Atem an, ich wollte weder widersprechen noch das Thema wechseln. Seit einiger Zeit war mir bewusst, dass sie mehr Fürsorge brauchte, als mein Vater oder ich ihr geben konnten. Sie musste schon aus ihrem Stuhl gehoben werden, ihre Medizin unter Beaufsichtigung einnehmen und sie konnte nicht mehr allein baden oder auf die Toilette gehen.

Ich blieb still und wartete darauf, dass sie fortfuhr.

„Ich schätze, ich muss wohl ...“, sie zögerte und suchte nach einem Wort, dass sie sowohl aussprechen, als auch ertragen konnte, „... in eine Einrichtung gehen.“

Ich zog ganz langsam Luft ein. Wollte sie einfach nur testen, wie es sich anhören würde, und erwartete, dass ich protestierte?

„Welche würde dir denn gefallen?“, fragte ich.

Ihre Hand tastete nach ihrem Kopf und fiel dann in ihren Schoß zurück. „Ich glaube, die wo Curtis ist.“

„Curtis?“ Er dauerte einen Moment, bis ich mich an ihren Bekannten aus der Gemeinde erinnerte. „Du meinst Curtis Hardesty?“

„Ja“, sagte sie. „Er ist jetzt seit etwa drei Jahren dort. Und ohne dass er etwas davon weiß.“

Ich sagte nichts. Auch ich wusste nichts mehr.

Als ich meinem Vater erzählte, dass meine Mutter über ein Pflegeheim redete, war er entsetzt. Er schüttelte den Kopf und wandte sich ab.

Die Schwester meiner Mutter, eine Krankenschwester, deren Mann nach sieben Jahren schlimmer werdendem Parkinson gestorben war, hatte mich schon lange gebeten, mich doch nach Pflegeheimen für meine Mutter umzusehen.

„Ich habe Unterstützung von der Krankenkasse bekommen, um die Pflege für Roy zu finanzieren“, erzählte sie mir. „Nur so konnte ich ihn zu Hause behalten. Aber die Krankenkasse bezahlt das jetzt nicht mehr."

Wenn Verwandte meine Mutter nach ihrer Gesundheit fragten, bestand sie immer darauf, alles sei „bestens".

„Und mir geht es auch bestens", sagte mein Vater dann mit zittriger Stimme. „Wir schaffen das. Die werden sie mir nicht wegnehmen."

„Die" meinte natürlich in diesem Fall mich.

„Sie ist meine Gefährtin", protestierte er dann immer, als wären sie ein Schneeganspaar. Es war eine Bezeichnung, die er oft für meine Mutter gebraucht hatte, eine, die sie nicht sehr gemocht hatte.

„Ich habe geschworen, sie immer hier zu Hause zu behalten", verkündete er mit brüchiger Stimme, „solange Gott mich am Leben erhält."

Es ist schwer nachzuvollziehen, wie wütend mich dieses Ultimatum damals gemacht hat. Nicht nur, dass es eine versteckte Anklage zu sein schien, es zeigte auch, dass mein Vater gar nicht zur Kenntnis nahm, welch ein Heer von Helfern es überhaupt möglich machten, meine Mutter zu Hause zu behalten. Freunde und Verwandte fuhren meinen Vater zu seinen auswärtigen Arztterminen, mähten ihre riesige Rasenfläche, reparierten kaputte Rohre, brachte Eintöpfe und Kuchen vorbei, strichen die Veranda neu und blieben bei meiner Mutter, wenn Margaret und ich verreist waren. All diese Menschen, die meisten von ihnen selbst um die 70, hatte daran mitgearbeitet, die Illusion von der Unabhängigkeit meiner Eltern aufrechtzuerhalten.

Ich konnte die Hitze einer alten Wut und Dickköpfigkeit in mir hochsteigen fühlen. Ich wusste, dass es mir nichts brachte, alten Streit aufzuwärmen, und dass es meine Mutter nur zum Spielball machte. Also hatte ich das Thema Pflegeheim nicht mehr angesprochen.

Eine Zeit lang wurde nicht mehr über ein Pflegeheim geredet.

In der folgenden Woche hatte ich sie zu einem Leberfunktionstest gefahren, den ihr Neurologe angeordnet hatte. Später, als ich ihr zu Hause half sich auszuziehen, trat sie ein paar Mal hilflos nach den Schuhen, die ich ihr gerade von den Füßen gezogen hatte.

„Die kannst du gleich wegwerfen“, sagte sie verärgert.

Ich saß neben ihr auf dem Bett und starrte die Schuhe an. Sie waren neu und teuer gewesen. Es war das dritte Paar, das sie verschmähte, allesamt ausrangiert, weil sie davon überzeugt war, dass die Schuhe dafür verantwortlich waren, wenn sie stürzte. Und wenn es nicht die Schuhe waren, die sie stolpern ließen, dann war es „der Schlamm, der durch den Teppich sickerte“.

Ich saß mit dem Schuh in der Hand da und fühlte, wie sich meine Kehle zuschnürte in dem Versuch, ein Stöhnen zu unterdrücken.

„Mutter“, sagte ich, „ich bin am Ende meiner Kräfte angekommen.“

Sie starrte mich an.

Ich schluckte. „Ich weiß einfach nicht, was ich als Nächstes machen soll.“

Das Schweigen hielt an. Diese einfachen, harten Worte schmeckten wie Salz und Essig auf meiner Zunge.

„Du und Papa, ihr weigert euch beide, der Situation ins Gesicht zu sehen.“ Ich hielt inne und schüttelte den Kopf. „Ich schätze, wir warten einfach auf die nächste Krise.“ Dann nahm ich die Ärgernis erregenden Schuhe, stellte sie ordentlich neben den Schrank und ging heim.

Am nächsten Tag benahmen sich meine Eltern beide wie aufgedrehte Welpen, die sich in dem Versuch, mich zu besänftigen, überschlugen. Ich genoss diese Reaktion auf meine Worte entschieden zu sehr. Ich wollte doch liebevoll und geduldig sein, nicht selbstgefällig und rachsüchtig.

Verschiedene Stimmen wetteiferten in der Dunkelheit, wenn

ich nachts schlaflos wach lag. Eine flüsterte: Was ist wichtiger – die Sicherheit meiner Mutter oder ihre Entscheidungsfreiheit? Aber dann konterte eine andere Stimme mit einer zweiten Frage: Entscheidet Mutter denn, oder wählt Vater für sie? Und welcher Teil der gebrochenen Identität meiner Mutter entsprach ihrem wahrsten Selbst?

Trotzdem wusste ich genau, was ich wollte. Ich wollte meine Mutter in einem Pflegeheim unterbringen. Damit sie sicher war. Damit ich mich nicht dauernd darum sorgen musste, dass sie stürzte. Damit es nicht meine Schuld wäre, wenn sie es doch tat. Damit ich ein bisschen Schlaf bekäme. Ihre eigene Meinung schwankte von Tag zu Tag. An den meisten Tagen wollte sie zu Hause bleiben.

Aber ihre Angst vor Einbrechern hatte nicht abgenommen. Nur sehr selten war sie so klar wie an jenem Nachmittag auf der Veranda, als sie das Thema zum ersten Mal anschnitt. Auf der anderen Seite – wie verantwortlich war es, den Teil von ihr, der am wenigsten Verbindung zur Realität hatte, die Entscheidungen treffen zu lassen?

Ich war schachmatt.

Bis zu dem Moment, wo ich mit David im Burger King saß. Ich zerknüllte das fettige Hamburgerpapier zu einem kleinen orangenen Ball.

„Ich schätze, mein Geburtstagswunsch hat sich erfüllt“, sagte ich zu David. „Ich glaube nicht, dass sie diesmal wieder nach Hause zurückgeht.“

Als ich die Tür zum Wartesaal im Krankenhaus wieder aufdrückte, wusste ich, dass ich an einem Wendepunkt angelangt war. Und eine Stunde später, als der Arzt bestätigte, dass meine Mutter einen Schlaganfall erlitten hatte, war ich sicher, dass sie nicht mehr nach Hause zurückkommen würde.

Nachdem meine Mutter von der Intensivstation auf die Normalstation verlegt wurde, machte ich mich wie betäubt daran, mich mit den Ärzten, Schwestern und den Verwandten auseinanderzusetzen. Alle kamen mir wie Strichmännchen vor, nicht wirklich real. Eigentlich kam mir nichts wirklich real vor. Es fühlte sich an, als sei ich auf einem fremden Planeten gelandet, wo ich gezwungen war, mit den Einheimischen in ihrer merkwürdigen, verstümmelten Handelssprache zu kommunizieren. „He! Ich Tochter. Du Arzt."

Wut war das einzige Gefühl, das ich empfinden konnte. Nicht Trauer, nicht Angst. Nur eine allgemeine, fast unkontrollierbare Wut. Ich versuchte, nicht ans Telefon zu gehen, aber wenn ich doch Anrufe von besorgten Freunden oder Verwandten entgegennehmen musste, wollte ich nur schreien: „Lass mich in Ruhe. Such dir deine eigene Tragödie. Diese ist schon vergeben!"

Meine Tante, die Krankenschwester, kam ins Krankenhaus. „Ich habe das Abendessen fertig, wenn du nach Hause kommst", versprach sie meinem Vater, als sie ging.

Um halb elf an diesem Abend rief sie mich an. „Hast du deinen Vater gesehen?", fragte sie. „Er ist noch nicht nach Hause gekommen."

„Ich werde im Zimmer meiner Mutter anrufen", sagte ich ihr.

Das Telefon läutete ein Dutzend Mal, aber niemand nahm ab. David fuhr ins Krankenhaus und fand Vater tief und fest auf schlafend auf einem Feldbett im Zimmer meiner Mutter.

Ich war am nächsten Morgen um halb acht im Krankenhaus. „Wir hatten keine Ahnung, wo du letzte Nacht warst", sagte ich zu ihm. „Warum hast du uns nicht gesagt, wo du warst?"

Er zeigte auf sein Ohr und zuckte mit den Achseln. „Ich schätze, ich hab das Telefon nicht gehört. Ich hatte mein Hörgerät ausgeschaltet. Du hättest bei den Schwestern anrufen können. Sie hätten dir sagen können, dass ich hier war."

Ich schickte ihn nach Hause, dann setzte ich mich zu meiner

Mutter und beobachtete, wie sie atmete. Sie war nicht aufgewacht, als ich gekommen war oder als mein Vater gegangen war. Meine Tante erklärte mir, es sei möglich, dass sie innerhalb kurzer Zeit einen weiteren Schlaganfall erleiden könnte. Dem ersten folgt oft ein zweiter, wie bei einem Nachbeben.

Ich wurde sofort panisch, wenn ihr Atem langsamer wurde. Es fühlte sich dann an, als ob Minuten verstrichen, bevor sich ihr Brustkorb wieder leicht anhob.

Um zehn rief ich David im Büro an. „Sie ist immer noch nicht aufgewacht", teilte ich ihm mit. „Nicht mal, als die Schwester mit ihren Medikamenten reinkam."

„Na, wenn die Schwester nach ihr gesehen hat ..."

„Was, wenn sie sie künstlich am Leben halten wollen? Ich habe vergessen, ihre Patientenverfügung mitzunehmen."

„Alles ist gut", sagte er, „es wird alles gut werden mit ihr."

Nein, dachte ich, es wird nie mehr alles gut werden mit ihr. Nicht in dieser Welt.

David, so beruhigend und gelassen er gewesen war, kam an diesem Abend völlig erschüttert nach Hause. Er war nach seiner letzten Unterrichtsstunde im Krankenhaus vorbeigefahren, um meine Mutter zu besuchen, und fand sie weinend vor. Sie redete voll Schuld und Angst nur davon, dass man sie im Stich lassen könnte.

„Ich konnte sie nur so zurücklassen", sagte er.

Ich stand am Herd und rührte schweigend die Suppe um.

„Vielleicht solltest du heute Abend noch mal hinfahren", schlug er vor. Ich wischte den Tisch ab und holte Teller aus dem Schrank.

Schließlich sagte ich: „Nach dem Abendessen rufe ich im Krankenhaus an und frage die Stationsschwester, wie es ihr geht."

Wilma, die Stationsschwester, hatte, wie sich herausstellte, vor Jahren mit meiner Mutter zusammengearbeitet. Sie lachte, als ich sie nach meiner Mutter fragte.

„Ach, Herzchen, sie hatte heute Abend den gewaltigsten Stuhlgang, den du je gesehen hast. Und zwei Männer kamen vorbei, um sie zu besuchen. Aus ihrer Gemeinde, nehme ich an. Ich war bei ihr und hab meinen Kaffee getrunken, während sie zu Abend gegessen hat. Wir haben uns über die alten Zeiten im Büro unterhalten."

Ich ging davon aus, dass Wilma den Großteil der Unterhaltung übernommen hatte. Es fiel mir schwer, mir meine Mutter in einem Gespräch vorzustellen, weil sie nur unter größter Anstrengung und sehr leise ein paar Worte in Folge herausbringen konnte.

In dieser Nacht hatte ich einen furchtbaren Traum, in dem meine Mutter versuchte, mich umzubringen. Wir waren in einer verfallenen Scheune. Sie war oben auf dem Heuboden und warf Betonstücke auf mich herunter. Dann verwandelte sich die Szene in eine Arena mit einer stufenförmigen Tribüne. Sie setzte sich ein paar Reihen hinter mich, versuchte aber immer wieder, nach mir zu greifen, und machte dabei eindeutige Bewegungen, mich zu erwürgen. Dann war da auf einmal eine zweite grau umrissene Figur, die mir zu helfen versuchte. Keiner von uns verteidigte sich, wir versuchten einfach nur, dem Griff meiner Mutter auszuweichen. Komischerweise schien sie nicht wütend zu sein, sondern einfach nur bestrebt, mich zu töten. Sie war in meinem Traum viel jünger, so um die 40 vielleicht. Und auch ich war jünger, genauso wie mein düsterer Helfer. Ich hatte Angst, dass meine Mutter den Versuch aufgeben würde, mich zu erwürgen, und mich stattdessen einfach erschießt. Dann verließ sie die Arena, und als sie wiederkam, setzte sie sich in die Reihe vor mir und meinem unbekannten Helfer. Sie hatte ihre Bluse gewechselt und trug jetzt eine schwarze mit Blumen darauf. Sie war auch jetzt weder verärgert noch schimpfte sie; sie war einfach nur unerbittlich. Auch ich war nicht wütend. Ich hatte einfach nur Angst um mein Leben.

Der Traum ist ziemlich transparent, ich weiß. Und als ich

aufwachte, störte mich am meisten, dass ich die Person, die mir helfen wollte, nicht identifizieren konnte. War es vielleicht, ich wagte es kaum zu hoffen, dieselbe verhüllte Figur, die neben den beiden enttäuschten Jüngern auf der Straße nach Emmaus gelaufen war?

8
Das Pflegeheim

Manche Entscheidungen trifft man, indem man ins kalte Wasser springt – von einem Flussufer, von einer Felsklippe oder von einem Dach. Wenn die Würfel einmal gefallen sind, gibt es kein Zurück mehr. Andere Entscheidungen kann man rückgängig machen. Man kann es sich noch mal überlegen, seine Meinung ändern, es noch mal probieren. Auf den ersten Blick ist diese zweite Art zu bevorzugen. Die Entscheidungen sind nicht endgültig; wir wollen doch alle eine zweite Chance bekommen.

Aber eine Entscheidung, die man zurücknehmen kann, hat auch ihre Nachteile. Sie kann einen nachts wach liegen lassen, während eine Stimme im Kopf die guten und schlechten Seiten abwägt und sich so lange im Kreis dreht, bis sich eine Furche ins Gehirn gräbt.

So war es nach dem Schlaganfall meiner Mutter, als es endlich an der Zeit war, sie von der Krankenstation in ein Pflegeheim zu verlegen. In manchen Nächten ist es immer noch so.

Meinem Vater fielen Entscheidungen stets schwer. Während der 58 Jahre dauernden Ehe der beiden hatte meine Mutter ganz selbstverständlich und praktisch alle Entscheidungen gefällt. Diese Aufgabe fiel jetzt mir zu. Beide hatten sich aber auch vor der Krankheit meiner Mutter schon unabhängig voneinander an mich gewandt und um Hilfe in Entscheidungsfragen gebeten.

Als es Zeit war, sich wegen des Pflegeheims zu entscheiden, wusste ich schon, wie der Prozess ablaufen würde. Nachdem der Reha-Aufenthalt meiner Mutter vorbei war, fragte der Arzt uns, was wir als Nächstes vorhätten. Mein Vater drehte sich dann um und schaute mich an und zupfte dabei andächtig an seinem Doppelkinn. Wenn ich lange genug wartete, würde er irgendwann mit den Schultern zucken und auf seine Hände starren. Wenn der Arzt dann die Alternativen nennen würde – zurück nach Hause oder ins Pflegeheim –, würde mein Vater anfangen zu weinen. Leicht ungeduldig würde der Arzt sich dann an mich wenden und auf eine Antwort warten.

Ich hatte den Krankenhausaufenthalt von Anfang an als eine Art Gottesgeschenk betrachtet. Wir hatten bereits ein halbes Dutzend Pflegepersonal hinter uns, die ich über eine Sozialstation gefunden hatte. Manche waren besser gewesen als andere; keiner von ihnen wäre allerdings in der Lage gewesen, allein mit meiner Mutter fertig zu werden. Es brauchte zwei Personen, um sie von ihrem Bett in ihren Rollstuhl oder auf ihren Nachtstuhl zu heben – gar nicht zu sprechen von der Badewanne! Mein Vater war nicht stark genug, um eine dieser Personen zu sein. Und er hörte es auch nicht, wenn sie nach ihm rief. Er ging oft unglaubliche Risiken ein, um sie zufriedenzustellen oder ihre offensichtlich irrationalen Wünsche zu erfüllen.

Aber ohne die Krise, die mit dem Schlaganfall meiner Mutter einherging, hätte mein Vater Fair Acres nie als Alternative in Betracht gezogen. Auch ein entscheidungsunwilliger Mensch kann stur sein. Bis zu dieser letzten Krise hätte es viel mehr Entschlusskraft und Anstrengung gekostet, ihn dazu zu bewegen, als ich hätte aufbringen können. Aber jetzt hatte der zweiwöchige Krankenhausaufenthalt meiner Mutter die nötige Brücke geschaffen, um den Schritt zum Pflegeheim zu ermöglichen. Wovor ich mich die ganze Zeit so gefürchtet hatte, war nun eingetreten. Es war Zeit, dem „Jetzt ist es so weit“ ins Gesicht zu sehen.

Der Schlaganfall hatte meine Mutter an meinem Geburtstag ins Krankenhaus gebracht. An Davids Geburtstag brachten wir sie nach Fair Acres. Ich stand diesen Tag nur durch, indem ich mit Ärzten, Krankenschwestern, Therapeuten und den Verwaltungsangestellten redete und den Teil meines Gehirns benutzte, der für Krisenmanagement zuständig war. Die Menschen, mit denen ich zu tun hatte, dachten wahrscheinlich, dass ich völlig normal war, relativ ruhig und Herrin meiner Emotionen. Aber wenn man funktionieren muss, während man in zwei verschiedenen Gedankenwelten lebt, bedeutet das, dass das Selbst instabil, unausgeglichen und kurz davor ist, sich aufzulösen.

Als ich an diesem ersten Tag vom Pflegeheim nach Hause fuhr, konnte ich mich einfach nicht erinnern, welche Jahreszeit wir gerade hatten. Ich hatte das Datum den ganzen Tag lang auf die Aufnahmeformulare geschrieben, aber ich war schockiert, als ich am Straßenrand einen blühenden Hartriegelstrauch sah, Azaleen mit fuchsiaroten Blüten und die schwer herabhängenden, lavendelfarbenen Büschel von Glyzinien. Aus irgendeinem Grund hatte ich erwartet, rote und gelbe Blätter von den Bäumen fallen zu sehen. Wie konnte es Frühling sein? Ich fühlte mich, als ob ich nach langer Abwesenheit gerade auf dem Planeten gelandet und unsicher war, an welchem Punkt des Sonnenkreislaufes ich eingestiegen war.

In dieser Nacht begann die Situation meiner Mutter und ihr Umzug, der bei Tageslicht unausweichlich erschienen war, ihre unerbittlichen Runden in meinem Kopf zu drehen. Warum konnten wir uns nicht zu Hause um meine Mutter kümmern?

Mit einem Wort – Geld. Meine Mutter benötigte mittlerweile rund-um-die-Uhr-Versorgung. Die Krankenkasse bezahlte keine Pflegedienste für Patienten wie meine Mutter mit einer degenerativen Krankheit wie Parkinson oder Alzheimer. Und für Hospizpflege war sie auch nicht berechtigt. Um solche Leistungen zu erhalten, muss der zuständige Arzt bescheinigen, dass der Patient aller Wahrscheinlichkeit nach nicht mehr als sechs Monate zu leben hat. Niemand wusste, wie lange meine Mutter noch leben würde. Eine Rund-um-die-Uhr-Versorgung im eigenen Haus würde jeden Monat zwischen 6.000 und 10.000 Dollar kosten. Und das auch nur, wenn wir erfahrene Pfleger finden würden, die Tag für Tag kommen konnten.

Aber konnte ich das nicht übernehmen und sie zu mir nach Hause holen? Als ich dort in meinem Bett lag, spannte ich meine Muskeln an, wie um auszuprobieren, ob ich die körperliche Kraft hatte, um das nötige Umlagern zu bewältigen – Bett, Stuhl, Wanne, Klo – das an einem normalen Tag anfallen würde. Ich bezweifelte es. Meine Mutter war in ihren besseren Zeiten fast 1,80 Meter groß gewesen. Und trotz ihres schwindenden Gewichts wog sie noch immer mehr als ich.

Aber Krankenschwestern, die genauso groß waren wie ich, bewegten auch täglich Patienten, die schwerer waren. Wenn die das konnten, dann konnte ich doch bestimmt auch ihre Technik erlernen. Vielleicht. Wieder zweifelte ich. Nicht nur ihre Größe, auch die erstarrten Muskeln und Gelenke meiner Mutter waren ein Hindernis. Sie zu heben war etwa so, wie mit einem Fahrrad zu tanzen. Deshalb brauchte man auch zwei Fachkräfte, um es zu bewältigen.

Außerdem waren weder mein Haus noch das meiner Eltern rollstuhlgerecht.

Trotz dieser nächtlichen Debatte in meinem Gehirn war die schwierigste aller Fragen diese: Wie konnte man seiner Mutter beibringen „Hier gehörst du hin“, wenn man ganz genau wusste, dass das nicht stimmte, wenn sie irgendein Mitspracherecht in der Angelegenheit gehabt hätte. Denn meine Mutter wollte ganz offensichtlich nicht ins Pflegeheim, egal was sie in den vorherigen Monaten vielleicht zu mir gesagt hatte. Noch wollten das 95 Prozent der anderen Bewohner von Fair Acres, wie mir bald bewusst wurde.

Man merkt es, sobald man durch die Tür tritt. Kalte Wut. Bei den meisten Leuten, die dort in Rollstühlen geparkt sind, nutzt sich die Wut nach Jahren übermäßigen Gebrauchs so ab, dass das Gefühl zur Routine verkommt. Manchmal wandelt es sich auch zu einfacher Verachtung oder Teilnahmslosigkeit. Aber anklagend ist es immer. Jeder ist schuldig, der durch die Eingangstür tritt und dem es freisteht, aus eigener Kraft wieder zu gehen.

Und wer kann ihnen ihr Urteil verübeln? Zwei Drittel aller Pflegeheimbewohner bekommen keinen regelmäßigen Besuch. Niemand sucht es sich aus, dort zu leben. Wie meine Mutter haben sie keine bessere Alternative zur Verfügung. Fast immer hat jemand anders die Entscheidung für sie getroffen.

Auch sollten alle, deren Körper noch nicht den Dienst versagt, nicht erwarten, dass das Urteil der Heimbewohner irgendwann milder wird. Diese Richter kennen keine Abstufungen des Leidens. Keiner von ihnen sieht sich um und bemerkt, dass andere Bewohner es vielleicht noch schwerer haben. Es geschieht nur selten, dass ein Heimbewohner überhaupt bemerkt, dass es da noch andere neben ihm gibt.

Während dieser ersten Wochen in Fair Acres war ich als stummer Zuschauer bei Gruppenspielen anwesend, in der Hoffnung, dass meine Mutter sich mit einem der anderen Bewohner – sie nannte sie „Insassen“ – anfreundete. Wenn der Übungsleiter die Bewohner ermutigte, Spiele zu spielen, war das das Äußerste, was sie die Existenz anderer anerkennen ließ. Aber meine Mutter ließ Plastikfrösche in Plastiklilienteiche springen, als ob auch dies nur ein Test war, bei dem sie erwartete, nicht zu genügen.

Ich war mir sicher, dass sie irgendwann eine Beziehung zu einer anderen Frau aufbauen würde, vielleicht zu ihrer Nachbarin im Speisesaal. Aber nein. Sie hasste es, in den Speisesaal zu gehen. Wie viele der anderen Bewohner aß sie recht langsam. Ihre Tischnachbarn, sagte sie, würden sich über sie lustig machen, sie sogar hassen.

Ich war schockiert. Trotz ihrer natürlichen Zurückhaltung oder sogar Schüchternheit, hatte es meine Mutter immer als moralische Verpflichtung gesehen, Freundschaften zu schließen und, wie sie es nannte, gesellig zu sein. Und ihre vielen Freunde waren ihr, neben ihren Kindern, in ihrem Leben die größte Freude gewesen. Sie erinnerte sich an ihre Geburtstage, schrieb ihnen Karten, rief sie an, lud sie zu sich ein. Ihre Anteilnahme an den Problemen anderer war tief. Mehrere Male während des letzten Jahres hatte ich sie, trotz ihres schlechter werdenden Zustandes, zu Freunden gefahren, die bettlägerig waren oder im Krankenhaus lagen. Das war für sie nicht nur ihre christliche Pflicht, sie besuchte sie gerne. Und nun gab sie sich gar keine Mühe, sich mit irgendjemandem in Fair Acres anzufreunden.

In diesen ersten Tagen und Wochen im Pflegeheim schob ich meine Mutter mit einem traurigen Lächeln auf den Lippen zu ihrem Tisch im Speisesaal. „Sag doch was, Mutter", bat ich sie leise, wenn einer ihrer Tischnachbarn einen Kommentar gewagt hatte. Aber der Blick, den meine Mutter mir gab, war eine Mischung aus Entrüstung, Betroffenheit und Schock. Sie sagte nichts.

Und sie arbeitete auch nur schlecht mit der Physiotherapeutin zusammen, einer zierlichen jungen Frau, die versuchte, sie dazu zu bringen, Klötze zu stapeln, große Plastikringe an ein Seil zu knoten oder ihren Rollstuhl selbst vorwärtszubewegen. Meine Mutter baute ein paar Minuten linkisch mit den Klötzen herum, dann schüttelte sie den Kopf und gab zu verstehen, dass sie zu müde war, um weiterzumachen. Wenn die Therapeutin versuchte, sie zu drängen, wurde mein Vater, der darauf bestand, bei den Sitzungen dabei zu sein, wütend und fühlte sich angegriffen.

„Sehen Sie nicht, dass sie müde ist?", rief er dann. „Sie hat schon zu viel durchgemacht. Sie müssen sie nicht auch noch quälen."

Das Einzige was ich tat, das Einzige was ich tun konnte, war, jeden Nachmittag aufzutauchen und neben meiner Mutter zu sitzen.

„Du machst da einen Fehler“, sagte eine Freundin zu mir. „Drei Mal die Woche sollte deine Grenze sein. Ich habe Tante Irma immer montags Hühnchen vorbeigebracht, mittwochs Trauben und freitags Doughnuts. Dann wusste sie immer, worauf sie sich freuen konnte. Ehrlich gesagt glaube ich, dass es ihr nur darum ging – um ihre Leckereien.“

Als ich nichts sagte, meinte meine Freundin: „Natürlich weiß ich, dass du deiner Mutter viel näherstehst. Aber du wirst dich zurücknehmen müssen. Du hast keine Ahnung, wie lange das vielleicht dauert.“

Aber ich fand die Vorstellung unerträglich, meine Zeit mit ihr zu verkürzen. Genauer gesagt: Ich dachte daran, zog es in Betracht, aber ich war unfähig, dementsprechend zu handeln. Die einzige Zeit, in der meine Mutter wenn auch nicht fröhlich oder zufrieden, aber doch etwas weniger verängstigt schien, war, wenn ein Familienmitglied bei ihr war.

„Was ihr eigentlich bräuchtet“, riet mir meine erfahrene Freundin, „ist zwei Wochen lang Abstand, in der du sie überhaupt nicht besuchst. Dann gewöhnt sie sich daran. Und sie gewöhnt sich daran, dass das Personal ihr hilft. Solange du immer hingehst, wird sie erwarten, dass du immer da bist.“

Sie hatte recht. Meine Mutter übertrug nicht mal den Hauch einer Erwartungen auf das Personal. Vielleicht weil mein Vater jeden Morgen und jeden Abend bei ihr war, beim Mittag und Abendessen, und nur fehlte, wenn er krank war oder unaufschiebbare Termine hatte. Vielleicht auch, weil ich jeden Nachmittag bei ihr war, manchmal auch Margaret, damit ich in den Supermarkt gehen konnte.

Am Anfang sagte das Personal nichts zu diesem Arrangement, vielleicht weil sie überzeugt waren, dass unsere Routine sich irgendwann auflösen würde. Später riet uns eine der Schwestern, uns etwas zurückzunehmen, und meinte, dass meine Mutter sich an den Tagesablauf dort gewöhnen müsse, um sich einzuleben. Aber wir konnten nicht anders. Es war, als ob man ein Kind in eine Pflegefamilie oder in ein Heim gab. Wie konnten wir einfach gehen und ihr das Gefühl geben, verlassen zu werden, besonders in diesen ersten Wochen?

Spürte meine Mutter das? Versuchte sie bewusst, unsere Gefühle zu manipulieren?

Natürlich. Auch nachdem zwei weitere Schlaganfälle ihr Gehirn noch mehr beeinträchtigt hatten, gab es Tage, wo sie weinte wie ein Kind und uns bat, sie nicht allein zu lassen. Wer würde das nicht?

Jeder kennt Horrorgeschichten aus Pflegeheimen. Dass meine Mutter so unglücklich war, machte uns sicherlich einmal mehr sensibel, was die Pflege und Versorgung in Fair Acres anging. Wir waren in Alarmbereitschaft im Blick auf das kleinste Anzeichen von schlechter Behandlung oder Vernachlässigung. Gleichzeitig brauchten wir aber auch einen guten Draht zum Personal – vor allem zu den Pflegehilfskräften, die am meisten Patientenkontakt hatten –, wenn meine Mutter tatsächlich die beste Pflege bekommen sollte, die sie kriegen konnte.

Pflegeheime werden nicht nur von den Regeln und Richtlinien der Behörden oder dem standardisierten medizinischen Protokoll bestimmt, sondern von den sehr viel subtileren Kräften der Ökonomie und sozialen Auflagen. Fair Acres wurde von einer Pflegeheimfirma in Houston betrieben. Diese bezahlte den Pflegehilfskräften 7,35 Dollar die Stunde. Wahrscheinlich wäre auch noch weniger bezahlt worden, aber zu der Zeit, als meine Mutter aufgenommen wurde, ging das Land gerade durch eine Periode geringer Arbeitslosigkeit und es war schwer genug, Angestellte an sich zu binden, um wenigstens den geringsten Standard zu halten.

Die Arbeit ist körperlich anstrengend und hat ungefähr dasselbe Ansehen wie die Müllabfuhr. Wenn man die Wahl hatte – und in Anbetracht der Arbeitslosenrate –, zogen es die meisten Leute vor, in einer Fast-Food-Kette zu arbeiten, statt den ganzen Tag lang Erwachsenen die Windeln zu wechseln und zerbrechliche demente 80-Jährige hochzuheben.

Die meisten Hilfskräfte waren Schulabbrecherinnen, hatten ein paar Kinder zu Hause und keinen Mann. Sie waren oft gezwungen, Doppelschichten zu arbeiten, wenn ihre Ablösung nicht auftauchte. Die Fluktuation war groß.

Die Besten unter ihnen werden irgendwann zur Pflegefachkraft befördert, sobald sie die erforderliche Ausbildung dafür bestehen. Diese Arbeit ist weniger anstrengend und auch höher angesehen. Die medizinisch-therapeutische Fachkraft schiebt ein metallenes Schränkchen über die Flure, verteilt Tabletten in kleinen Pappbechern und notiert die jeweilige Dosis. Die nächste Ebene in der Hierarchie, die „behandelnde Schwester", untersucht Schnittwunden, Prellungen, Ausschlag, verordnet Medikamente und Verbände und stellt sicher, dass das Datum auf dem Klebestreifen steht. Beide Jobs haben ein gewisses medizinisches Prestige. Aber auch diese Schwestern müssen noch über die Flure rennen.

Fast alle Pflegeheime sind um einen zentralen Knotenpunkt angelegt – die Schwesternstation –, von der aus dann die Gänge mit den Patientenzimmern wie Spinnenbeine von einem Spinnenkörper abgehen. Innerhalb des runden Nervenzentrums, umgeben von einer brusthohen Mauer, walten die Stationsschwestern. Sie sind normalerweise examinierte Krankenschwestern.

Obwohl Fair Acres eine „zugelassene Pflegeeinrichtung" war, war die einzige examinierte Schwester, die dort arbeitete, Lorene Lightfoot, die Pflegedienstleiterin.

Natürlich verbringt Lorene Lightfoot als Leiterin ihre meiste Zeit in Auseinandersetzung mit Ärzten, Lieferanten und Familienmitgliedern, mit Schreibtischarbeit und Mitarbeitertraining. Sie macht Patientenvisiten meist nur, wenn die Richtlinien des Heimbetreibers das vorschreiben und dann auch nur im Vorbeigehen im Flur oder Speisesaal.

Die Stationsschwestern tragen inoffiziell die Verantwortung in der Institution. Sie haben mehr Patientenkontakt. Von ihrem zentralen Bunker hinter dem runden Tresen aus können sie die ambulanten Patienten im Empfangsbereich oder auf ihrem Weg zum Freizeitraum oder Speisesaal im Blick behalten. Auch auf diejenigen, die in Rollstühlen um den Tresen herum geparkt sind, haben sie ein Auge. Aber die Patienten, die in ihren Zimmern bleiben, sehen sie nur, wenn es ein Problem oder eine besondere Anfrage gibt. Ein neu eingestellter Pfleger, immer mit Stethoskop um den Hals, schaut zu Schichtbeginn einmal nach jedem Patienten, aber diese Art der Fürsorge ist selten.

Wie bei jedem anderen Querschnitt von Berufsgruppen leisten einige Hilfs- und Fachkräfte gute Arbeit, andere nicht. Manche sind verantwortungsbewusst und mitfühlend, andere sind unzuverlässig und mürrisch. Unter den Stationsschwestern sind manche aufmerksam und kompetent, während ihre Kolleginnen herumsitzen und schwatzen.

Es kommt nur selten vor, dass ich mit der Pflegedienstleiterin spreche oder sie sehe. Sie teilt sich ein Büro mit der stellvertretenden Pflegedienstleiterin, zu der ich mit meinen Problemen wegen der Pflege meiner Mutter gehe. Sie nickt und macht sich Notizen, wenn man ihr von den dreckigen Windeln, der nötigen Nahrungsumstellung oder dem Bad, das sie an diesem Morgen nicht bekommen hat, erzählt. Nachdem sie einem versichert, dass man sich um die Angelegenheit kümmern würde, reicht sie ihre Aufzeichnungen an ihre Stellvertreterin weiter, und deren Verantwortung ist es dann, einem wegen dieser Probleme einen „Besuch“ abzustatten.

Normalerweise hat die stellvertretende Pflegedienstleiterin dann die Verantwortung, alle Schritte in die Wege zu leiten, die angemessen erscheinen. Deshalb erscheint sie einem auch immer ein wenig abwehrend. „Wir müssen unsere Erwartungen realistisch betrachten“, erinnert sie einen. Manchmal deutet sie auch an, wenn meine Unzufriedenheit mit ihrer Einrichtung zu groß sei, wäre es vielleicht besser, andere Vorkehrungen für meine Mutter zu treffen.

Ich versuche, mich so wenig wie möglich zu beschweren. In den ersten 18 Monaten spreche ich mit der Pflegedienstleiterin wahrscheinlich ganze vier Mal. Einmal schrieb ich auch einen Brief an den Direktor von Fair Acres, nachdem meine Mutter vier Tage hintereinander nicht gebadet worden war. Er antwortete nicht, aber das hatte ich auch nicht erwartet. Manchmal sehe ich ihn, wie er sich mit der Hand durch sein schütteres rotes Haar fährt und dabei in kurzen Ärmeln vom Verwaltungstrakt zum Speisesaal hastet.

Er bittet alle ihn „L. V." zu nennen. Bei den diskussionsreichen „Familienversammlungen" der Einrichtung spricht er herzlich und dröhnend zu dem gut ein Dutzend erwachsener Kinder, Ehepartner, Geschwister und Freunden der Bewohner. Alle sitzen um die Speisesaaltische, an denen eine Stunde später unsere Verwandten ihr Abendessen zu sich nehmen.

„Ich wollte Sie einfach nur über ein paar Veränderungen informieren, die wir eingeführt haben", erklärt L. V. „Lulu musste uns verlassen – Clyde geht in den Ruhestand und sie wollen ein wenig herumreisen." Lulu war im vergangenen Jahr die Beschäftigungstherapeutin gewesen. Ihre meiste Energie war allerdings in die Aufgabe geflossen die Flure für die verschiedenen Festtage zu dekorieren – nicht nur Thanksgiving und Weihnachten, sondern auch St. Patrick's Day, Valentinstag, Memorial Day. Jedes Ereignis mit einem Thema.

„Aber wir haben schon eine dynamische junge Frau gefunden, die ihren Platz einnehmen wird", versichert uns L. V. „Heather McBride. Kommen Sie doch mal nach vorne und erzählen Sie uns, was Sie alles geplant haben."

Alle klatschen aufmunternd für Heather, die knapp vor ihrem Abschluss an der Universität steht, wahrscheinlich in einem Fach wie Freizeittherapie. Heather erzählt uns, dass es einmal pro Woche einen Film geben wird und dass sie einen Klassiker auswählen und Popkorn servieren wird. Die guten alten, sagt sie versichernd. Und auch die ein Mal pro Monat stattfindende Geburtstagsparty für alle Bewohner, die es noch ein weiteres Jahr geschafft haben, wird es weiterhin geben. „Ich habe auch ein paar Ideen für Musik und Bewegung", fügt sie hinzu und wippt dazu auf ihren Zehen auf und ab.

Als Nächstes klärt uns L. V. über das neue Alarmsystem auf, das an den Enden der Spinnenbeinflure angebracht wurde, und wir alle spenden Beifall für Arnie, den Hausmeister, der die Anlage installiert hat.

Schließlich fragt der Direktor, ob es noch Fragen oder Anmerkungen von unserer Seite gibt, erinnert uns daran, dass das Personal allein dazu da ist, unseren Lieben zu dienen, und fügt hinzu, dass dies ja schließlich ihr Zuhause sei und das Personal nur ihre Helfer.

Wenige haben Fragen. Wenn David da ist, stellt er oft eine Frage. Nach dem Treffen versucht er meistens noch, im Flur vor dem Büro eine freundschaftliche Unterhaltung mit L. V. zu führen. Er ist gut darin, auf diese Weise mehr Informationen aus dem Direktor herauszukriegen, der glücklich über die Gelegenheit zu einem Gespräch unter Männern zu sein scheint.

Meine Mutter gehört zu den Bewohnern, die später im Speisesaal essen werden. Sie isst ihr Frühstück dort, nimmt die anderen Mahlzeiten aber in ihrem Zimmer mit meinem Vater zusammen ein. Sie hasst den Speisesaal. Sie fühlt sich darin ausgestellt. Seit sie ins Pflegeheim gezogen ist, hat sie keine Halluzinationen mehr von fremden Männern, die durch das Fenster reinkommen, oder von finsteren Gestalten auf dem Dachboden. Aber ihre Paranoia nimmt jetzt neue Formen an. Jetzt glaubt sie, dass die anderen Bewohner und Hilfskräfte sich über sie lustig machen.

Ich für meinen Teil habe ein paar Freunde unter dem Personal gefunden. Es wäre komisch, anderthalb Jahre lang jeden Tag an einen Ort zu gehen und es nicht zu schaffen, dort ein paar Kontakte zu knüpfen. Ich habe Lieblinge unter den Hilfskräften. Lange Zeit war Linda ganz oben auf der Liste. Sie war gebaut wie ein Sumoringer und trug ihr Haar immer so dicht am Kopf festgesteckt wie möglich, was die Züge ihres dunklen Gesichtes noch stärker hervorhob. Als ich ihr das erste Mal ein Kompliment über ihre Frisur machte, war sie argwöhnisch, aber später, als ich sie davor warnte, meine Mutter ganz allein zu heben, wischte Linda meine Bedenken freundlich beiseite. „Ich mach das hier jetzt seit Jahren. Und Ihre Mutter wiegt ja nun wirklich fast nichts."

Linda hatte mehrere Kinder zu Hause. Sie arbeitete oft Doppelschichten, nach denen sie nachts um elf nach Hause ging und Wäsche waschen, putzen und kochen musste. Ich hatte Angst, dass sie sich überarbeitete; an manchen Tagen lachte sie nur darüber, an anderen seufzte sie deprimiert. Linda war die einzige Hilfskraft, die meine Mutter auf den Nachtstuhl in der Toilette setzte, die sie sich mit dem Nachbarzimmer teilte. Dieses Manöver erforderte einen zweistufigen Prozess – den steifen Körper meiner Mutter zunächst in ihren Rollstuhl zu befördern, und dann vom Rollstuhl auf den Toilettensitz. Meine Mutter bevorzugte dies sehr gegenüber dem Nachtstuhl, den die anderen Hilfskräfte einfach neben ihr Bett stellten, damit sie sie nur einmal hochzuheben brauchten. Ich widersprach nicht, aber ich war Linda dankbar für ihre zusätzliche Mühe.

Schließlich fing Linda an, über Kündigung zu reden. „Unten in Conroe, da bezahlen die fast 8 Dollar die Stunde."

„Aber Sie müssten dann jeden Tag 30 Meilen mehr fahren", meinte ich.

„Eine Freundin von mir arbeitet auch schon da. Wir könnten dann zusammen fahren."

Lindas Freundin Estelle, auch einer meiner Lieblinge, meinte, ich sollte mir keine Sorgen machen. „Linda hört nicht auf. Linda redet immer davon, aber sie macht es nicht."

Lindas Drohungen gingen ein paar Monate weiter. Ich nahm

sie schon nicht mehr zur Kenntnis und hatte entschieden, dass Estelle recht hatte. Ich erzählte Linda weiterhin, dass sie zu hart arbeitete, oder bat sie, Fair Acres nicht zu verlassen. Aber eines Tages verletzte sie sich am Rücken, nahm sich, was sie an Arbeitszeitausgleich bekommen konnte, und reichte dann ihre Kündigung ein. Estelle versicherte mir, sie werde zurückkommen. Aber sie kam nicht. Und nicht nur das, zwei Wochen später war auch Estelle weg.

Linda wurde schließlich durch Jolene ersetzt, eine große, blonde Frau um die 40, deren Mann vor zwei Jahren gestorben war. Sie arbeitete seit 18 Jahren in Pflegehcimen, erzählte sie mir. Ihre Hingabe an die Patienten scheint bedingungslos. Obwohl sie nie die Schule beendet hat, hofft sie, dass sie in die nächste Runde für die Ausbildung zur Fachkraft kommt.

Linda, Estelle und Jolene sind außergewöhnlich. Sie machen die Spitze – mit dem Prädikat „exzellent" – der etwa vier Kategorien aus, in die ich die Hilfskräfte unterteile. Als Nächstes auf meiner Liste kommt Kategorie „wünschenswert", die einigermaßen prompt auf die Klingel reagieren und es schaffen, dass meine Mutter es sauber und bequem hat. Sie sind herzlich oder sachlich, aber sie versuchen nie, mit meiner Mutter zu reden, oder ihr das Gefühl zu geben, wirklich eine Person zu sein, wie es die „Exzellenten" tun. Die dritte Stufe – „besser als nichts" – sind diejenigen, die beim Bettenmachen, Putzen und Anziehen mehr oder weniger achtlos vorgehen, die vergessen, ihr Socken auf ihre immer kalten Füßen zu ziehen oder ihr Kleid falsch zuknöpfen. Gnädigerweise fallen nur wenige Hilfskräfte in die letzte und schlimmste Kategorie. Diese reagieren einfach überhaupt nicht auf die Klingel. Ich muss sie dann selbst suchen gehen, im Fernsehzimmer oder im Innenhof, wo sie rauchen. Sie grummeln einander missmutig zu, beantworten keine Fragen und reagieren nicht, wenn ich ihnen für ihre Hilfe danke.

Aber selbst wenn ein Patient am Ende einer Schicht in seinen dreckigen Windeln liegen gelassen wird, beschwert man sich nicht sofort bei der Stationsschwester. Wie in jeder Institution lernt man schnell, seinen Kredit nicht fahrlässig zu verspielen. Pflegeheime sind da keine Ausnahme. Die Supervisoren sind vorsichtig, wenn es darum geht, die Hilfskräfte zurechtzuweisen, aus Angst, dass sie kündigen könnten und ihnen dann noch mehr Personal fehlt. Das trägt wahrscheinlich auch dazu bei, dass die Stationsschwestern ausgesprochen widerwillig sind, sich mit den Hilfskräften auseinanderzusetzen.

Was die Stationsschwestern angeht, habe ich nur zwei Kategorien – diejenigen, die fragen, ob sie helfen können, oder einen wenigstens direkt angucken, wenn man an ihre runde Barrikade kommt, und diejenigen, die ungerührt die Existenz anderer ignorieren. Sally, eine pensionierte Militärkrankenschwester, ist mein Liebling, aber sie wurde vor ein paar Monaten in die neue Alzheimerstation von Fair Acres versetzt. Jetzt hoffe ich also darauf, dass Joan Dienst hat, wenn ich nachmittags ankomme. Sie verfügt zwar nicht über das Durchsetzungsvermögen, das eine gute Supervisorin braucht, aber sie besitzt eine sanfte Bestimmtheit, die irgendwann doch dazu führt, dass die Probleme behoben werden.

Wenn ich wirklich verzweifelt bin, gehe ich jedoch zu Billie, die Buchhalterin/Chefsekretärin/Empfangsdame des Hauses. Billie ist eine dieser Personen, die so gut sind, dass man im Laufe des Lebens nur eine Handvoll von ihnen trifft. Ihr Schreibtisch ist immer vollgestapelt mit Akten, Rechnungen und Briefen. Trotzdem findet sie immer innerhalb weniger Augenblicke das Dokument, das sie gerade braucht. „Setzen Sie sich“, sagt sie sofort und gestikuliert in Richtung einer der Besucherstühle. „Wie kann ich Ihnen helfen?“

Auch wenn der Schreibtisch zwischen uns steht, scheint er uns nicht zu trennen, vielleicht wegen dem äußerst geschmacklosen Nippes, den man auf Flohmärkten oder Kirchenbasaren findet und der auf ihrem Computer und zwischen den Papierstapeln herumsteht. Eine Zeit lang hatte Billie sogar einen Drahtkäfig auf dem Boden neben ihrem Schreibtisch stehen. Darin lebte ein verwaistes junges Kaninchen, das ihr Sohn gefunden hatte. Sie fütterte es einmal die Stunde mit einem Tropfglas. Jetzt lebt es, inzwischen ausgewachsen, in einer Ecke der Empfangshalle.

Auch wenn sie in Fair Acres gnadenlos überarbeitet ist, arbeitet Billie zusätzlich noch eine Schicht bei Wal Mart. Das sei notwendig, sagt sie mir, um zwei Kindern das College zu bezahlen.

Billie druckte und faxte die Unterlagen meiner Mutter ganze sechs Mal an die Blue Cross Blue Shield Versicherung, damit mein Vater die sechzig Tage Tagespflege von der Pflegeversicherung erstattet bekam. Sie führte Telefonate mit der Versicherung wie mit dem Betreiber von Fair Acres. Nicht ein Mal meckerte sie, regte sich auf oder schob die Aufgabe vor sich her. „Lassen Sie mich einfach wissen, wenn Sie noch etwas brauchen“, sagt sie immer, wenn ich, die in dem Jahr, das verging, bevor ich das Geld zurückerhielt, oft meckerte, mich aufregte oder Sachen aufschob, den Raum verlasse.

Billie ist das, was mein Vater ein „strammes Mädchen“ nennt. Ihre Kleidung erinnert in etwa an Sachen, die man in den 50ern in Pfingstgemeinden getragen hat. Ihr glänzender brauner Pony berührt gerade den Rahmen ihrer übergroßen Brillengläser. Vielleicht sind es die zimtfarbenen Sommersprossen, die über ihre Nase und Wangen gesprenkelt sind, oder die Art, wie sich ihre Augen weiten, wenn sie ihre Brille abnimmt und sie über ihre Brust herunter baumeln lässt, aber Billie sieht aus wie zwanzig, manchmal wie zehn.

Wenn ein Problem absolut unlösbar scheint, und ich alle anderen Wege ausprobiert habe, gehe ich zu Billie. Vor einem Jahr verschwanden Kleidungsstücke meiner Mutter mit besorgniserregender Häufigkeit im Schlund der industriellen Reinigung. Als meine Mutter nach Fair Acres kam, entschied mein Vater, dass er ihre Kleidung zu Hause selber waschen würde. Die Verwaltung brachte also ein Schild auf ihrer Schranktür an, worauf stand: „Wäsche des Bewohners wird von Familie gereinigt". Aber bei den drei Mal die Woche stattfindenden Ausflügen zum Duschraum, wo meine Mutter ausgezogen, schamponiert und geduscht wird, stopfen die Hilfskräfte ihre Kleidung oft in den allgemeinen Wäschekorb, der mit der hauseigenen Reinigung verbunden ist.

Die Wäsche-Mafia, unverkennbar in ihren pinkfarbenen Uniformen, mit denen mein Vater in ständigem Krieg steht, weigert sich, Außenstehende, selbst Hilfskräfte, Stationsschwestern und vor allem die Verwandten der Bewohner in ihren autorisierten Arbeitsbereich zu lassen. Als mein Vater sie energisch wegen der Wäsche meiner Mutter befragte, gaben sie sich zunächst ahnungslos, dann defensiv.

Also schaltete ich Billie ein. Aber selbst sie scheiterte daran, sich Zugang zu dem Raum zu verschaffen, in dem die industriellen Edelstahl-Waschmaschinen und Trockner standen. Ich blieb dicht hinter ihr, als sie von einer Abteilung zur nächsten ging – Krankenstation, Reinigungsstation, Verwaltung. Ich hörte, wie sie vor sich hin murmelte: „Das geht so nicht. Das geht so einfach nicht." Für diese Worte, die wertvoller waren als die 6.000 Dollar der Versicherungsfirma, hätte ich vor ihr auf die Knie fallen und sie küssen können.

Meistens nimmt das Personal in Fair Acres eine defensive Haltung ein, sobald sie einen Angehörigen eines Bewohners ankommen sehen. Und ich kann es ihnen nicht mal verdenken. Sie arbeiten in einer Atmosphäre ständiger Frustration. Sie surrt aus den Rollstühlen, die die Schwesternstation umrunden. Sie prallt von den Familien der Bewohner ab. Und strahlt von den zurechtgewiesenen Hilfskräften aus. Kein Wunder, dass die Pfleger hinter der runden Barrikade stumm ins Leere blicken, während man gerade wieder die neuste Beschwerde vorträgt.

Was für einen anstrengenden Tanz wir auf diesen Fluren vollführen. Welche Qualen diese Wänden umschließen! Alte, kranke Menschen, die sich ängstlich, verlassen, wütend fühlen, weil sie so geworden und hier gelandet sind. Ehemänner, Ehefrauen, erwachsene Kinder, deren Herz vor Schuld und Unvermögen bloßliegt. Verwaltungsangestellte, die mit Budgets jonglieren, Pflegeversicherungen auszahlen und Angestellte zurechtweisen müssen und sich vor Albträumen mit Gerichtsprozessen schützen wollen. Schwestern, die versuchen, die dünne, knittrige Haut ihrer Patienten intakt zu halten, ihre verstopften Gedärme leer und die ärztlichen Anweisungen leserlich zu halten. Hilfskräfte, die 16 Stunden am Tag arbeiten, schlaffe Hinterteile abwischen und zerbrechliche Körper hochheben, die sich wie verbogene Fahrradrahmen bewegen lassen. Und die dann zu ihrer eigenen Familie nach Hause gehen, wo ihr Lohn nicht ausreicht, um deren Bedürfnisse auch noch zu decken.

Ich saß einen Moment im Auto, nachdem ich den Motor ausgestellt hatte, den Schlüssel noch in der Hand. Die Schicht wurde gerade abgelöst und eine Frau in lila Uniform stand im Schatten des Säulengangs und rauchte ihre letzte Zigarette. Ich steckte den Autoschlüssel in meine Tasche und öffnete die Tür. Hierherzukommen ist für uns alle ein hartes Stück Arbeit: für die Frau, die darauf wartet, dass ihre Schicht anfängt, die anderen regelmäßigen Besucher, die ich heute sehen werde, und vor allem die Menschen, die hier leben. Wir alle atmen mit der Luft hier Wut und Qualen ein. Und deshalb ist es auch am allerschwersten und trotzdem das Einzige, was wir tun können, um menschlich zu bleiben, einander mit aller Freundlichkeit zu begegnen, die wir nur eben aufbringen können.

9
Schuldgefühle und die zerrissene Seele

In *Der König auf Camelot*, der Geschichte von T. H. White über den legendären König Artus, ermahnt Merlin den jungen Prinzen: Jedes Mal, wenn man eine Lüge erzählt, zerstört man einen Teil der Welt. Lange bevor meine Mutter nach Fair Acres ging, war meine Welt von einem bösartigen Geschwür befallen worden, als meine Mutter anfing, uns im Blick auf ihre Medikamente zu belügen.

Manchmal stellte sie die kleinen gelben Röhrchen in einen anderen Schrank und gab dann vor, sie wisse nicht, wo ihre Tabletten waren. Oder sie versteckte ein neues Rezept, das der Arzt ihr gerade ausgestellt hatte, in einem Fach in ihrer Handtasche. Wenn ich die armseligen Versteckversuche bemerkte, sagte sie immer mit Überzeugung, dass sie nicht wüsste, wie die Tabletten oder Rezepte dorthingekommen waren.

Genau genommen log sie natürlich nicht. Jeder Psychiater oder Moraltheologe würde eine genaue Unterscheidung zwischen Handlungen von Menschen, die Herr ihrer Fähigkeiten sind, und einem Verhalten, das durch Krankheit verursacht wird, vornehmen. Ich wusste das. Wenigstens mein Kopf wusste das. Und sogar große Teile meines Herzens. Aber das erste Mal, wenn man herausfindet, dass die eigene Mutter einen belügt, rebelliert etwas im Innersten, erhebt sich und brüllt: „Nein!"

Jeden Tag an dieser Grenze zwischen Vernunft und Verwirrung zu leben, das schwächte auch meinen eigenen Verstand. Was ist mit mir los?, fragte ich mich ständig. Warum bekam ich mich nicht in den Griff? Was ich sagen wollte, was ich sagen können wollte, war: O.k., ich kriege das hin. Ich sollte das hinkriegen können. Es ist gar nicht so schwer. Ich verbrachte doch schließlich nur ein paar Stunden pro Tag mit meiner Mutter.

Warum überstand ich dann nicht einmal einen Gang zum Wal Mart? Warum schlief ich nicht?

Eines Nachts lag ich im Bett und starrte an die Decke. Ich hatte seit Wochen nicht mehr richtig geschlafen. Ich erinnerte mich mit einiger Bitterkeit an den Psalm, der dazu aufruft, auch auf dem nächtlichen Lager an Gott zu denken und während der Nacht noch über sein Wort nachzusinnen. Es war aber nicht so sehr Gott, über den ich in diesen schlaflosen Nächten nachgesonnen hätte, sondern eher mein eigener seelischer Schmerz.

Ich knipste das Licht an und blätterte in meinem Gebetbuch. Psalm 16: „Ich lobe den Herrn, der mich beraten hat; auch mahnt mich mein Herz des Nachts." Ich schloss das Buch, schaltete das Licht aus und ließ mich zurück auf mein Kissen fallen.

„Okay", sagte ich in die Dunkelheit. „Dann mal her mit den Ratschlägen. Hoffen wir, dass sie gut sind."

Aber die Endlosschleife in meinem Kopf begann von vorn. Was stimmte nicht mit mir? Gab es da etwas, dem ich mich nicht stellen wollte? Zum Beispiel, dass meine Mutter eine furchtbare und unheilbare Krankheit hatte? Dass sie sterben würde? Ich glaube nicht. Also warum hatte ich mich nicht im Griff?

Vielleicht war dieses Bestreben selbst schon das Problem. Die Idee nahm in meinem Bewusstsein leise Form an. Vielleicht gab es diesen berühmten Griff gar nicht. Ärzte sagen oft über Patienten in Extremsituationen: „Ihr System hat versagt und fährt runter." Und die Dunkelheit flüsterte unbarmherzig weiter: Jedes System bricht irgendwann zusammen. Auch deins.

Versagen. Ich mag das Wort nicht. Aber letztendlich schien es das einzig zutreffende zu sein. Mit welchem Wort meine Mutter auch immer in der Dunkelheit zu kämpfen hatte, meins war „Versagen".

Auf ihrem Abstieg in die Hölle gibt der römische Poet Vergil seinem Protagonisten Dante einen Rat, welche Haltung er einnehmen solle, um die ganze Sache zu überleben, ohne seinen Verstand oder seine Seele zu verlieren. „Hier ziemt's, dass jeder Zweifel sei verbannt, und jeder Kleinmut sterb an diesem Orte."

Ein guter Rat. Aber ich wollte wissen, wie ich es schaffen konnte, meinen Geist frei von Zweifeln zu halten, während ich zusah, wie der Geist meiner Mutter in die Hölle hinabfuhr. Wie ließ man denn Kleinmut sterben? Durch Gebet? Schlaftabletten? Autogenes Training?

Man kennt ja die Geschichten von Feuerwehrmännern, die in brennende Häuser reingehen, um Leute, die darin feststecken, herauszuholen, und man fragt sich heimlich, ob man selbst wohl auch solchen Mut aufbringen würde. Oder man liest über einen Passanten, der in einen reißenden Fluss springt, um ein Kind vor dem Ertrinken zu retten, und man überlegt, wie wahrscheinlich es wäre, dass man selbst ebenso handelt. Ich versuche mir mich in der Hitze und Dramatik so einer Situation vorzustellen, und frage mich, ob ich die Nerven, den Mumm, das Herz hätte, so heldenhaft zu handeln. Ich gab mir wenigstens eine geringe Chance, in einem kurzen dramatischen Moment heroisch zu handeln.

Aber in der langsamen Aufeinanderfolge der Tage hier, Tage, an denen es eher wenig Dramatik und viel Zeit zum Überlegen und Beratschlagen und Abwägen gibt – was tut man hier?

Ich fragte mich manchmal, ob ich den Mut gehabt hätte, mir die Arbeit aufzuhalsen, wenn ich von Anfang an gewusst hätte, nicht wie schwer es sein würde, sondern wie lang der Abstieg meiner Mutter dauern würde. Zum Glück handelte ich aus dem Bauch heraus, und nicht zum ersten Mal in meinem Leben hatte das Folgen, die mein Leben veränderten. Aber was, wenn ich in die Zukunft hätte schauen können? Wenn ich die Kosten hätte überschlagen können? Hätte ich dann auch noch den Mut gehabt, diesen Weg zu gehen?

Das ist der Punkt, wo es nicht mehr hilfreich ist, eine starke Fantasie zu haben und sich vorzustellen, wie man in verschiedenen Situationen handeln würde. Weil ich mich nämlich sehen kann, wie ich mit der Rechnung in der Hand dastehe und vor Schreck nach Luft schnappe, wenn ich auf die unterste Zeile schaue. Und sogar wegen dieses Zögerns, das nur in meiner Fantasie existiert, habe ich Schuldgefühle.

Ich kann mir unendlich viele Möglichkeiten vorstellen, wie ich an jedem einzelnen Tag diesen Job hier hätte besser machen können. Ich hätte eine Spieltherapie oder Spracherwerbstechnik lernen können, die meiner Mutter geholfen hätte, besser zu kommunizieren. Die ihre noch verbliebenen Sinne stimuliert und ihre beschädigten Fähigkeiten vielleicht nicht wiederhergestellt oder gerettet, ihr aber wenigstens die Zeit vertrieben hätte. Der Schaumstoffball, den ich in Fair Acres für Fangspiele im Zimmer gekauft hatte, lag in ihrer Schublade, ein weiteres Versagen. Nach ein paar Monaten rührte sie auch den Malblock und die bunten Stifte nicht mehr an, auch wenn sie vorher hingebungsvoll die Ecken von vorgedruckten Figuren ausgemalt hatte. Ich hätte mir doch bestimmt noch etwas Kreativeres einfallen lassen können.

Unsere tägliche Routine schrumpfte letztlich auf Folgendes: Nachdem ich meinen Vater zu seinem Mittagsschlaf entlassen hatte, drehte ich meine Mutter mit der Technik, die ich von den Pflegehilfskräften gelernt hatte, auf die Seite, damit sie ihre angeschlagene Hüfte ausruhen konnte. Manchmal legte ich mich dann neben sie, meinen Kopf auf dem Fußende des Bettes und meine Füße auf dem Fensterbrett. Dann fühlte sie sich sicher genug, um ein wenig zu schlafen. Oder wenn sie müde genug war und diese Art der Vergewisserung nicht brauchte, saß ich in ihrem Rollstuhl und überflog die Überschriften der Lokalzeitung. Nachdem sie etwa eine Stunde lang geschlafen hatte, weckte ich sie dann für ihren Nachmittagssnack – Cranberry-Saft und Käse-Pringles und irgendeine Kleinigkeit, die ich an diesem Tag mitgebracht hatte – Kirschen oder Wassermelone oder Schokolade. Danach musste sie auf ihre Bettschüssel gehoben werden, ein Vorgang, der einen oder zwei Hilfskräfte verlangte. Zum Schluss schauten wir uns *Die größten Köche der Welt* oder *Reading Rainbow* im Fernsehen an. Kochen ist eine Handlung, die sie immer noch wiedererkannte, und sie mochte die Kinder, die ihre Buchkritiken vortrugen. Das war alles, was ich nach einem Jahr an Kreativität aufbringen konnte.

Warum sollte ich sie mit sinnlosen Maßnahmen belästigen? So konnte ich meinen eigenen ausgelaugten Geist und meine erschöpfte Vorstellungskraft rechtfertigen.

Das Einzige, was nie weggeht, sich verbraucht oder verschwindet, ist das Gefühl – nein, die sichere Gewissheit: Ich hätte noch mehr tun, hätte besser handeln können.

Auf der rechten Seite des Kirchenschiffs unserer Gemeinde, vorne in der ersten Reihe, gleich bei der Orgel, sitzt meine Freundin Jody. Sie sitzt jeden Sonntag dort, außer im Sommer, wenn sie auf dem Houston Renaissance Festival arbeitet. Jody ist Schauspielerin und spielt dort die Gastgeberin Hearty Nan mit großem Samt-Dekolleté im Stil des 16. Jahrhunderts. In der Kirche sitzt ihr Sohn neben ihr, wenn er nicht gerade Dienst als Ministrant hat. Auf der anderen Seite sitzt ihr Vater Hank auf der Kante der Kirchenbank, völlig aufrecht.

Hank lebt in der Garage, die Jody und ihr Mann in eine Wohnung umgebaut haben, als seine Alzheimer-Krankheit zu schlimm wurde, als dass er weiterhin hätte allein wohnen können.

Jody ist klein, höchstens 1,60 m groß, und Hank ist auch nicht viel größer. Er trägt normalerweise einen weißen Anzug, seine schwarz gerahmte Brille, die auf halber Höhe auf seiner Nase sitzt, und seine weißen Haare sind elegant zurückgekämmt. Wenn er geht, macht er immer kleine Schritte und tastet dabei immer von einer zur anderen Seite, in schnellen, ruckartigen Bewegungen, die ihn wie ein Zwerghuhn aussehen lassen. Er hat eine eher kämpferische Natur und wurde schon manchmal wegen „Rauferei" aus dem Senioren-Zentrum verbannt, wo er jeden Morgen hingeht.

Ich habe mich mit Hank unterhalten, so wie man es oft herablassend macht, wenn man zu solchen Leuten nett sein will. „Wie geht es Ihnen heute morgen, Hank?", frage ich mit meiner Sonntagsschulstimme.

„Kann man hier drin rauchen?", bellt er zurück und nimmt seine Pfeife aus der Tasche.

Während des Gottesdienstes rutscht Hank manchmal in der Bank seitwärts und schaut den Helfern nach, die die Gänge entlanggehen und die Kollekte einsammeln. Er zuckt nervös, wenn Jody aufsteht, um mit dem Chor nach vorne zu gehen. Wenn der Pfarrer einen Witz macht, dreht sich Hank um und guckt die Gemeindemitglieder an und versucht zu verstehen, worüber alle lachen. Beim Abendmahl geht er mit seinen schnellen, abrupten Schritten nach vorne und nimmt dem Priester die Oblate mit einer wilden Grimasse ab.

Ein paar Reihen dahinter sitzt Miranda mit ihrer Mutter Violet. Miranda hat ungewöhnlich dunkle, glänzende Haare, die sie kurz trägt, und dicke, dramatische Wimpern. Auch Mirandas Sohn ist da, jedenfalls seine sterblichen Überreste. Seine Asche steht in einer der kleinen Kupfernischen in der Urnenhalle im hinteren Teil des Kirchenschiffes, wo eine Reihe unserer eingeäscherten Mitglieder ruhen.

Violet war offensichtlich mal eine wahre Schönheit gewesen und auch in ihrem jetztigen Alter – ich schätze sie um die 70 – hat sie ihre gertenschlanke Figur behalten. Ihr graues Haar ist immer fedrig nach außen gewellt. Ihre eleganten Voile-Kleider sind mit pastellfarbenen Blumen besprenkelt. Nur ihre Gesichtszüge entgleisen manchmal unsicher. In einer Hand umklammert sie ein Taschentuch. Ihre Augen flattern nervös zum Gesicht ihrer Tochter rüber, wie um den angemessenen Gesichtsausdruck abzugucken und zu sehen, wann es gilt, aufzustehen oder sich hinzuknien.

Violet hat genau wie Hank Alzheimer. Und genau wie Hank lebt sie bei ihrer Tochter. Eines Tages werden Hank und Violet, wie meine Mutter, in ein Pflegeheim gehen. Meine Mutter hat allerdings niemals im Haus ihrer Tochter – meinem Haus – gelebt. Die eine Sache, die sie vielleicht glücklich gemacht hätte.

Ich sage mir, dass es dafür mehrere gute Gründe gibt. Der wichtigste davon ist mein Vater. Er wäre am Boden zerstört gewesen, wenn sie lieber bei mir als in ihrem Haus gewohnt hätte. Wie hätte ich sie ihm wegnehmen können? Sich während ihrer langen Krankheit um sie zu kümmern war in vielerlei Hinsicht seine Rettung gewesen.

Was, wenn ich es geschafft hätte, beide dazu zu bewegen, in mein Haus zu ziehen? Meiner Mutter hätte die Idee nicht gefallen. Und hatte ich überhaupt das Recht, so eine Entscheidung für sie zu fällen? Uns alle in einen möglichen Interessenkonflikt zu verwickeln?

Aber egal wie sehr ich versuche, die Antworten auf diese Fragen abzuschwächen, weiß ich, dass ich nie mit den Angstzuständen meiner Mutter fertiggeworden wäre, mit ihren mitternächtlichen Streifzügen nach Einbrechern, ihren Halluzinationen und ihrer ständigen Bedürftigkeit. Jedenfalls nicht lange.

Deshalb zucke ich immer innerlich zusammen, wenn mir jemand sagt, was für eine „gute Tochter“ ich doch sei. Ich weiß, wie relativ das Wort „gut“ ist.

In den guten alten Zeiten, als man noch Kataloge für Haushaltswaren geschickt bekam, hatten manche Produkte das Prädikat „gut“, oder „sehr gut“. So messe ich auch, was es heißt, eine gute Tochter zu sein. Jody und Miranda sind besser, vielleicht verdienen sie ein „Sehr gut“.

Ich mag es nicht, wenn ich anerkennende Worte dafür erhalte, dass ich mich so um Mutter kümmere. „Kummer“ allerdings ist mit dieser Aufgabe verbunden. Ein Kummer, den man aus tiefster Seele empfindet. Dieser Ort fühlt sich oft eher an wie Hornhaut an den Fußsohlen als das weiche Gewebe des Herzens. Man tut, was man tut, so gut es eben geht. Und das ist immer wenig genug.

Ich bin hier nicht auf Beschwichtigung oder tröstende Worte aus. Bitte sagen Sie mir nicht, dass wir alle lernen müssen, wo unsere Grenzen sind. Ich kenne meine nur zu gut. Und ich habe mir selbst eine gute solide Drei gegeben. Ich habe eine zufriedenstellende Arbeit geleistet. Mehr in Anspruch zu nehmen, trotz der Proteste meiner Freunde, passt nicht zu dem, was ich in meinem Innern fühle.

10

Sprachlos werden

Mental, kognitiv, intellektuell – sind das alles unterschiedliche Kategorien? Passt eine in die andere wie bei diesen russischen Babuschka-Puppen? Wie sind sie mit unserem Körper, den Nerven, Synapsen und motorischen Fähigkeiten verbunden? Was verbindet das Gehirn mit dem Körper? Verstand mit dem Gehirn? Seele mit dem Selbst?

Das sind die Fragen, die mich gefangen nehmen, während ich die Frau beobachte, die sich früher in medizinischem Vokabular auskannte und Bibelpassagen auswendig zitierte, die Dienstpläne und Lohnabrechnungen gleichzeitig fertigstellte und die jetzt in eine Lache von Nicht-mehr-Wissen zerfloss.

Ich hatte schon herausgefunden, dass das Gehirn meiner Mutter nicht mehr ausreichend Dopamin produzierte. Ohne diesen Neurotransmitter werden die elektrischen Signale, die normalerweise ihren Muskeln anzeigen, dass sie sich bewegen sollen, blockiert oder fehlgeleitet. Das war der Grund für ihren langsamen und unsicheren Gang, ihr schleppendes Sprechen und den Tremor, das Zittern ihrer Hände. Alles klassische Parkinson-Symptome.

Ich wusste auch, dass die Substantia nigra, das Stück Gehirngewebe, in dem Dopamin produziert wird, bei Parkinson-Patienten schneller abstirbt als bei uns anderen. Levadopa, meist als L-dopa bekannt, ist bis vor Kurzem noch das einzige Medikament gewesen, das man gegen die Krankheit eingesetzt hat. Einmal vom Gehirn absorbiert, wird L-dopa in Dopamin umgewandelt.

Man könnte nun wie ich daraus schließen, dass man Parkinson einfach dadurch behandeln könnte, dass man die richtige Menge L-dopa zur richtigen Zeit verabreicht. So wie man Benzin und Luft in das richtige Verhältnis bringen muss, um Funken zu erzeugen, die dann den Automotor in Gang bringen.

Aber hierbei wurde ich Opfer eines unzulänglichen Denkmusters. Zum einen produziert ein Wagenmotor, auch auf der Höhe seines Leistungsvermögens, kein eigenes Benzin. Die inneren Organe eines Motors flüstern sich auch nicht auf langen Wegbahnen Botschaften zu. Nicht einmal die Computersensoren in neueren Modellen kommen an den heiklen Austausch heran, der zwischen den biochemischen Stoffen im Körper passiert.

Synthetisches L-dopa ist nicht einfach nur ein Zusatzstoff im Benzintank. Zunächst einmal (aber das würde ich erst ein ganzes Jahr später lernen) darf man L-dopa nicht mehr absetzen, wenn man einmal begonnen hat, es zu nehmen. Wenn ein gesunder Mensch, der vorher keine Parkinson-Symptome ausweist, anfängt, L-dopa zu nehmen, und dann wieder damit aufhört, werden sich bei ihm Tremor und andere Erscheinungsformen der Krankheit entwickeln. Wie ein Simulant, der nicht zur Arbeit erscheint, hört der Dopamin produzierende Teil des Gehirns auf zu funktionieren, wenn er weiß, dass er sich auf die chemische Wohlfahrt verlassen kann.

L-dopa ist zwar das wirksamste Medikament gegen Parkinson, aber es ist gleichzeitig das problematischste. Meine Mutter hatte als Folge mit überwältigenden Übelkeitswellen zu kämpfen, auch wenn das Medikament, das sie einnahm, einen Zusatzstoff enthielt, der die Nebenwirkungen von L-dopa verringern soll.

Halluzinationen waren ebenfalls unwillkommene Folgewirkungen des Medikaments, wie ich weiterhin erfuhr. Ich erinnerte mich an Hinweise auf Halluzinationen in einigen der Parkinson-Bücher, die meine Mutter im ersten Sommer noch so eifrig gelesen hatte. Die meisten waren beiläufige Anspielungen auf verzerrte Wahrnehmung, die so sorglos klangen, als wären sie nichts weiter als eine kleine Unannehmlichkeit. Und Geschichten von Betroffenen, die aufgrund der Medikamente unter Halluzinationen litten, ließen sie fast spaßig erscheinen. Eine Frau berichtete, wie sie beim Tischdecken einen Extrateller für den „Gast" hinstellte – den niemand außer ihr sehen konnte.

Für meine Mutter waren Halluzinationen alles andere als ein Spaß. Sie verband den Begriff mit Drogen wie Marihuana und LSD. Sie auf ihre Halluzinationen anzusprechen hätte für sie bedeutet, man werfe ihr vor, drogensüchtig zu sein.

Es ist einfach, im Strudel von Demenz zu versinken. Wie kann man herausfinden, ob jemand ein wahres oder fiktives Ereignis beschreibt? Wie soll man beurteilen, was in einem Gespräch real ist und was nicht? Kann man 90 Prozent von dem glauben, was ein Demenzkranker erzählt? Weniger? Die Hälfte? Und wie unterscheidet man die Fiktion von den Fakten?

Hatte sie das Rezept wirklich verlegt oder war es nur eine List, um mich daran zu hindern, es einzulösen? Hatte sie wirklich einen Anruf von meinem Bruder erhalten? Oder von der Arztpraxis?

Als sie noch zu Hause gewesen war, hatte ich in solchen Situationen oft auf das Falsche getippt. Mein Zweifel hatte die Atmosphäre vergiftet und die Paranoia angefacht. Ich hasse es, argwöhnisch zu sein; sie hasst es, angeklagt zu werden. Man denkt sich unauffällige Wege aus, Fakten zu überprüfen. Und sie fühlt sich folglich angegriffen und isoliert.

Wir sitzen am Esstisch und essen zu Mittag, mein Vater, meine Mutter, Tante Margaret und ich. Margaret versucht gerade, uns mit neuen Geschichten über die streunenden Katzen in ihrer Scheune zu unterhalten.

„Sie kommen irgendwie von unten rein – ich kann einfach nicht herauskriegen, wo sie reinkommen. Ein halbes Dutzend von ihnen."

„So viele?“, sage ich.

„Ja, und sie jagen sich gegenseitig und gehen dann wieder. Es macht einen furchtbaren Krach.“

„Das glaub ich gerne“, wirft mein Vater ein, kopfschüttelnd.

Meine Mutter guckt kurz abrupt auf und schaut dann wieder auf ihren Teller. „Ich wünschte, jemand würde das bei mir tun.“

„Was denn?“

„Glauben, was ich sage.“

Im ersten Jahr dachte ich noch darüber nach, wie ich am besten auf offensichtliche Erfindungen ihrer Fantasie reagieren sollte? Sollte ich ihr widersprechen? Ihre Lügenmärchen als das enttarnen, was sie waren? Sollte ich sie einfach ignorieren? Mitspielen? Was soll man denn bitte jemandem sagen, der allen Ernstes behauptet, dass Leute buddhistische Tempel unter den Pinien hinter ihrem Haus bauen? Wenn ich diese Aussage hinterfrage oder versuche, vorsichtig die Unwahrscheinlichkeit solch einer Behauptung anzumerken, wurde sie erst wütend und dann teilnahmslos.

Mein Vater ging den Weg des geringsten Widerstands und beschwichtigte ihre Angst vor Einbrechern, indem er Stühle unter alle Türklinken klemmte, bevor sie nachts zu Bett gingen. Aber sein Entgegenkommen nahm meiner Mutter nicht ihre Panik und Furcht. Sie weckte ihn trotzdem mitten in der Nacht auf, um nach Eindringlingen zu suchen und wurde dann wütend, wenn er keine fand.

Entnervt ging ich auf entgegengesetzten Kurs und verweigerte ihr alle Illusionen.

„Nein, Mutter“, sagte ich, wenn sie darauf bestand, dass die Pfütze, durch die ich gefahren war, aus Blut oder Erdöl war. „Es ist einfach nur Wasser. Erinnerst du dich? Es hat letzte Nacht geregnet.“

Hartnäckig wies ich sie auf logische Brüche hin.

„Siehst du?", sagte ich, wenn wir nachmittags unseren Spaziergang den Waldweg runter machten. „Hier war kein Feuer. Oder siehst du irgendwo Asche, oder verbrannte Bäume?" Aber mein Argumentieren führte nur dazu, dass sie diese Wirklichkeiten für sich behielt.

Ich konnte sehen, dass meine Strategie auch nicht erfolgreicher war als die meines Vaters.

Ich durchforschte die Bibliothek, das Internet und Infobroschüren nach Ratschlägen. Nichts. Ich rief meine Cousine an, sie ist Psychologin. „Was soll ich also machen?", jammerte ich. „Wenn ich mitspiele und so tue, als ob es da wirklich buddhistische Tempel im Wald gibt – übrigens gehört mein Bruder angeblich auch zu dieser Verschwörung –, wenn ich mich besorgt zeige, dass Indianer das Haus angreifen werden, wird das dann nicht den wenigen Bezug zur Realität, den sie noch hat, zerstören?"

„Da bin ich überfragt," sagte meine Cousine. „Ich bin dieser Frage noch nie begegnet. Das sind nicht meine Patienten. Menschen in so einem Zustand landen normalerweise in Einrichtungen."

Einmal, als ich neben meiner Mutter auf ihrem Bett saß und ihre Hand hielt, weinte sie aus lauter Verzweiflung, weil ich nicht zustimmen wollte, dass Einbrecher auf dem Dachboden waren.

„Niemand glaubt mir", weinte sie.

„Ich glaube dir, Mutter", hörte ich mich sagen. „Es stimmt – es stimmt für dich." Und eine Zeit lang war ich stolz auf diese Antwort. Sie drückte Anteilnahme, aber nicht unbedingt Zustimmung aus. Aber sie ließ sich davon weder hinters Licht führen noch zufriedenstellen. Sie durchschaute meinen Täuschungsversuch.

Mit körperlichen Behinderungen konnte ich umgehen. Ich hätte über die mentalen Gebrechen der kognitiven Sorte nur müde gelächelt – Buchstabieren, Kopfrechnen. Gedächtnisverlust konnte ich verstehen und ausgleichen. Aber ihre dunklen Fantasien drohten mich zu vernichten, weil sie sie vernichteten. Sie löschten die Frau aus, die ich als meine Mutter kannte. Verunstalteten alles, was ich an ihr bewunderte und verehrte.

Wie die meisten Menschen, die eng mit einer lebensverändernden Krankheit zu tun haben, überprüfte ich mich dauernd und war immer mal wieder überzeugt, dass auch ich Parkinson hatte, auch wenn ich wusste, dass es weder ansteckend noch im Allgemeinen vererbbar war.

Als ich verstand, wie rudimentär das medizinische Wissen über diese Krankheit noch war, wurde ich auch diesem Wissen gegenüber skeptisch. Anfangs, sobald eine Tasse in meiner Hand zu zittern anfing oder ich eine Treppenstufe verfehlte, nahm ich das als das erste Anzeichen, dass mein Gehirn an Dopamin-Mangel litt.

Auch wenn ich mit der Zeit lernte, die Ängste abzulegen, eines konnte ich nicht ablegen: die alte, schwindelerregende Ungewissheit darüber, was eigentlich die eigene Persönlichkeit ausmachte. Wenn meine Mutter, wie man so sagt, nicht sie selbst war, wer war sie dann? Was war sie? Wer waren dann wir anderen?

Wie – durch welchen Prozess – werden wir zu einer anderen Person? Oder verlieren wir unser Personsein? Für jeden, der schon mit Demenz zu tun gehabt hat, ist es einfach, dämonische Besessenheit als Möglichkeit in Betracht zu ziehen. Die Bibelgeschichten von Menschen, die von bösen Geistern besessen sind, waren für mich völlig einleuchtend. Sie beschreiben genauso gut wie andere Erklärungsmuster, was hier vor sich geht; sie sind das Anti-Selbst, das Nicht-Selbst, das das wahre Selbst überwältigt. Die Dämonentheorie erklärt, dass das Selbst eingesperrt und von plündernden Eindringlingen gequält wird.

Die medizinische Erklärung behauptet, dass das Selbst durch chemische Mangelerscheinungen betäubt ist. Aber egal ob wir „Demenz“ oder „Dämon“ sagen, beide Begriffe gehen davon aus, dass es da etwas gibt, das „Selbst“ oder „Person“ genannt wird, und dass es nicht nur etwas Nettes ist, das wir uns ausgedacht haben.

Eine der schlimmsten Schädigungen des Gehirns meiner Mutter war Aphasie, der Verlust der Fähigkeit zu sprechen oder geschriebene oder gesprochene Sprache zu verstehen. Dies wurde mit den Monaten immer schlimmer. Ihre Aphasie machte unseren Umgang miteinander sehr viel mühsamer. Ich war mir oft unsicher, ob sie verstand, was ich zu ihr sagte. Sie runzelte manchmal die Stirn und bat mich, es noch einmal zu wiederholen; meine Worte waren entweder nicht bei ihr angekommen, oder sie wurden nicht verstanden. Manchmal wandte sie sich auch einfach ab, als müsse sie zu viel Kraft aufwenden, um mich zu verstehen, und als sei das Resultat zu entmutigend.

Die Kommunikation zwischen meinen Eltern, die auch in den besten Zeiten nicht besonders gut gewesen war, war nun noch schwieriger. Die Stimme meiner Mutter war schwach und mein Vater hörte schwer. Viele Leute ließen sie nicht ausreden, stellten eine Frage, aber gaben ihr nicht genug Zeit zum Antworten, bevor sie selbst wieder weiterplapperten, weil sie ungeduldig waren oder ein paar Sekunden Stille nicht aushalten konnten.

Ich fand auf der Kommode oder dem Nachttisch in ihrem Zimmer kleine Papierstückchen mit Buchstaben oder Zahlen darauf, die sie in ihrer mittlerweile winzigen, zittrigen Handschrift darauf geschrieben hatte. Nichts davon ergab irgendeinen Sinn.

Mein Vater stolperte eines Tages in der Zeitung über einen Artikel über einen Alzheimer-Patienten, dem durch lautes Vorlesen geholfen werden konnte, und so brachte er jeden Morgen die Lokalzeitung mit, um ihr daraus vorzulesen. Aber auch wenn meine Mutter ein paar Wörter erkannte, wusste sie nicht, was sie bedeuteten.

Ihr eigenes Sprachvermögen schwankte sehr. An guten Tagen konnte sie kurze Sätze formulieren, und wenn wir über etwas redeten, was vor uns stand – ihr Saftglas oder ihren Rollstuhl – dann ergaben die Sätze manchmal sogar Sinn. „Das Telefon klingelt" oder „Das will ich nicht". Oft musste sie aber auch nach einem passenden Wort suchen und benutzte dann eins, entweder mit ähnlichem Klang oder ähnlicher Bedeutung. „Mach den Ballon aus", sagte sie und ich wusste irgendwie, dass sie die Klimaanlage meinte.

„Was gab es heute zum Mittagessen?", fragte ich sie.

„Ein paar gedünstete Marotten", antwortete sie. „Oder etwas, das aussah wie Mulden."

Manchmal merkte sie, dass das Wort, das sie benutzt hatte, nicht das gesuchte war, aber eher selten. Mitten beim Suchen nach einem bestimmten Wort versuchte sie manchmal, es zu buchstabieren. Aber die Buchstaben – nie mehr als drei – waren wahllos. „P, T, N", sagte sie zum Beispiel und verzog dabei ihr Gesicht bei dem Versuch, Sprache zu produzieren.

Ihre Pronomen ließen sich nie klar zuordnen, wahrscheinlich, weil die Namen ihr nicht mehr einfielen. „Wo leben sie jetzt?", fragte sie mich dann plötzlich.

„Wer, Mutter?"

„Du weißt schon", insistierte sie und glaubte offensichtlich, dass ich meine Unwissenheit nur spielte. „Die Leute, die umgezogen sind."

„Umgezogen?" Und dann gab ich meine Standardantwort auf ihre undurchsichtigen Fragen.

„Ich bin mir nicht sicher."

Für sie war alle Zeit jetzt und jeder Ort hier. Ihre geistige Beeinträchtigung war nicht ganz dieselbe wie beim Gedächtnisverlust bei Alzheimer-Patienten. Ihr Gedächtnis war sogar recht gut, wenn sie die Sprache finden konnte, es auch auszudrücken. Sie konnte mit zeitlicher oder räumlicher Abstraktion ungefähr so gut umgehen wie eine 3-Jährige, die von der Rückbank aus fragt: „Sind wir schon da?"

Um ihre verarmte Konversationsfähigkeit auszugleichen, benutzte sie manchmal Bilder, deren Bezüge allerdings nur ihr bekannt waren. Wenn sie Stuhlgang hatte, sagte sie zum Beispiel „kleine Häuser machen".

Manchmal lachte ich dann und machte einen Witz über ihre komischen Redewendungen und sie lachte dann mit. Das waren die guten Tage.

An den meisten Tagen plapperte sie aber einfach, fing ausführliche Geschichten über eingebildete Reisen oder Begegnungen mit entfernten Familienmitgliedern an, die ein paar Sätze in eine Richtung gingen, um dann plötzlich eine undurchsichtige Abzweigung zu nehmen. Die Worte schlängelten sich wie ein Wassertropfen auf hartem Erdboden, der langsam vorankroch und nach und nach versickerte. In diesen Momenten schien sie sich ihrer Aphasie nicht bewusst zu sein und genoss offensichtlich den schieren Vorgang des Sprechens. Sie konnte bis zu einer halben Stunde am Stück reden, ohne auf den Gedanken zu kommen, dass ihre Geschichten zerstückelt und unverständlich waren. Alle Charaktere waren Pronomen, oder sehr allgemein – „der Junge", „diese Menschen". Wenn ich es doch schaffte, die ungefähre Richtung zu verstehen, versuchte ich mich darauf einzulassen und ihr Fragen zu stellen und sie am Reden zu halten.

„Hier", sagte sie zum Beispiel und schob mir eine Decke hin, die sie zu einem Knäuel gedreht hatte, „bring ihr das und sag ihnen, dass das alles ist, was ich tun konnte."

„Gut, Mutter. Ich bin sicher, dass sie das verstehen. Mehr brauchen sie auch gar nicht."

An schlechten Tagen konnten weder ich noch jemand anderes den geringsten Sinn in dem ausmachen, was sie zu sagen versuchte. Die Laute waren keine Sätze mehr, nicht mal mehr Worte, nur noch verstümmelte Silben. „Nachts ... nimm schüchtern ... wartschen ... sima, sima."

Dieses erfolglose Ringen um Worte war mir am Anfang peinlich. Wenn sie eine lange Reihe unverständlicher Silben hervorbrachte und mich dabei eindringlich, beharrlich anschaute und eine Antwort erwartete, konnte ich sie nur anstarren. Wie bringt man jemandem freundlich bei, dass er nur rumstammelt? Nach einer gewissen Zeit kann man auch nichts mehr vortäuschen.

Wenn ich keinen Bedeutungszusammenhang mehr ausmachen konnte, gab ich zu, dass ich verwirrt war. „Es tut mir leid, Mutter. Ich verstehe dich nicht. Die Worte sind nicht richtig rausgekommen." Manchmal versuchte sie es dann noch mal, dann noch eindringlicher, aber nie mit einem besseren Ergebnis. Zu anderen Zeiten seufzte sie einfach, schloss ihre Augen und gab auf. Ich war mir nicht sicher, was schlimmer war. Ich tupfte ihr die Tränen von den Augenwinkeln, das geschah während einer Unterhaltung, in der das einzige Wort, das ich verstehen konnte, „einsam" war.

Es gab auch noch eine andere Kategorie Tage, die etwas zwiespältiger war. Sie waren insofern schlimm, als sie kaum wusste, wo sie war. Ihre Worte waren eher ein Gurren, halb geflüsterte, halb gesungene Silben. Trotzdem schien sie nicht aufgewühlt. Sie konnte an diesen Tagen richtig heiter sein, sogar zufrieden lächeln. Ich hatte den Verdacht, dass sie mich nicht mal wirklich erkannte. Da, dachte ich, nun ist es so weit. Sie ist weg. Über die Klippe. Unzurechnungsfähig. Fantasialand.

An diesen Tagen schien ihre Angst verschwunden zu sein. Und mir war dieser Zustand lieber. Ich empfand sogar ein unglaubliches Gefühl von Leichtigkeit, Erleichterung. Mich um diese benommene Kreatur zu kümmern, die da in ihrem Bett lag, war fast so, wie sich um ein Baby zu kümmern. Die Anspannung und die Angst verschwanden auch für mich. Und die Zärtlichkeit kehrte zurück.

Diese Erleichterung dauerte aber nie lange an. Sie kam immer zurück.

„Wenn sie einfach nur abtauchen und nicht mehr zurückkommen würde“, sagte ich zu Margaret. „Damit könnte ich leben. Aber dieses Kommen und Gehen – einen Tag da, den anderen wieder weg –, das ist, wie wenn man Lazarus immer und immer wieder begräbt.“

11

Welches Gehirn?

Für Monate nach dem Umzug ins Pflegeheim fragte mich meine Mutter fast jeden Tag, wo sie diese Nacht schlafen würde.

„Na, hier natürlich", sagte ich ihr dann. „Das hier ist dein Zimmer."

„Nein", protestierte sie. „Die haben mir gesagt, dass ich hier rausmuss. Die haben mich rausgeschmissen." Es hatte keinen Sinn, sie zu fragen, wer „sie" waren, meine Mutter konnte nie das Bezugswort zu ihren Pronomen geben. „Sie", das war ganz einfach die Autorität an sich.

An manchen Tagen sagte sie: „Ich habe deine Schwester Joyce heute gesehen."

„Ach so?" Ich versuchte nicht mal mehr sie darauf hinzuweisen, dass Joyce ihre Schwester war, nicht meine.

„Aber sie hatte es eilig. Sie hat so getan, als hätte sie mich nicht gesehen."

Manchmal war es mein Bruder, den sie im Flur erkannt hatte, der sie aber nicht beachtet hatte. Oder, etwas seltener, ein Bekannter. Und diese Sätze, auch wenn sie stockend kamen, waren doch erstaunlich zusammenhängend für jemanden, der an so schwerwiegendem Sprachverlust litt wie meine Mutter.

Um die Mittagsstunde herum hatte meine Mutter Panikattacken. Ihr Atmen wurde dann schneller und flacher. Ihr Herz raste. Sie schnappte nach Luft. Sie starrte mich wild an.

Langsam atmen, flüsterte ich ihr zu, atme langsamer; das war das Einzige, was mir einfiel.

Während der nächsten drei Monate pendelten wir drei – mein Vater, meine Mutter und ich – uns in unsere Pflegeheimroutine ein. Allein schon die Routine selbst schien einen beruhigenden Effekt auf die Ängste meiner Mutter zu haben. Ihr körperlicher und geistiger Zustand verschlimmerte sich jedoch weiter.

Ungefähr sechs Monate, nachdem meine Mutter in Fair Acres eingezogen war, zog ich Bilanz, wie ich ihren momentanen geistigen Zustand einschätzte. Ich hatte den Eindruck, dass ihre Probleme in folgende Kategorien eingeteilt werden konnten: Gedächtnis, logisches Denken, geistige Verwirrung/Ausfall und Emotionen.

Ihre Demenz war nicht wie die typische Alzheimer-Demenz. Normalerweise zeigt sich Alzheimer als Erstes durch den Verlust des Kurzzeitgedächtnisses, aber das war für meine Mutter zu dieser Zeit noch kein Problem. Sie konnte sich meistens daran erinnern, wer sie in der letzten Zeit besucht hatte, auch wenn sie nicht immer auch deren Namen wusste.

Sie hatte auch noch ein Empfinden für bevorstehende Ereignisse, auch wenn sie, wie ein kleines Kind, die Zeitspanne nicht abschätzen konnte, bis sie eintreffen würden. Für meine Mutter war alles, was in der Zukunft lag, unmittelbar bevorstehend. Die Fähigkeit, abstrakte Formulierungen für Zeit und Raum zu benutzen, waren verloren gegangen. Also funktionierte ihr Kurzzeitgedächtnis nur für konkrete Ereignisse.

Zum Beispiel wusste sie nie, welcher Tag gerade war. Zeit war für sie wie ein fließender Strom, ein unteilbares Ganzes und keine Ansammlung verschiedener Momente.

Außerdem konnte sie sich die Details einer Abfolge nicht mehr merken. Und, was für mich am frustrierendsten war, sie konnte sich nicht daran erinnern, dass sie weder allein laufen noch stehen konnte.

Was ihr Langzeitgedächtnis anging, erinnerte sie sich an fast alle Familienmitglieder und die meiste Zeit wusste sie auch, ob sie noch lebten oder nicht. Bei Freunden sah das schon anders aus. Erinnerungen an die weiter zurückliegende Vergangenheit waren entweder ganz verschwunden oder sie wollte nicht darüber reden. Im Gegensatz zu meinem Großvater, der seine Geschichten aus dem Ersten Weltkrieg und seine Kindheitsabenteuer immer wieder erzählte, sprach meine Mutter nie über ihre Kindheit oder über Erlebnisse mit ihren Geschwistern.

Logisches Denken beherrschte sie nur noch in dem Ausmaß, dass sie nur die einfachsten und unmittelbaren Ursache-Wirkungs-Beziehungen verstand, und selbst die mussten mit irgendeiner motorischen Fähigkeit verbunden sein. Sie verstand zum Beispiel, dass ein Glas, wenn man es losließe, auf den Boden fallen würde. Darüber hinaus konnte sie mit Ursache und Wirkung nichts anfangen. Das bedeutete, dass sie nicht begreifen konnte, warum sie in einem Pflegeheim war oder warum ich sie allein lassen musste.

Unter der Kategorie geistige Verirrung und Ausfälle hatte ich in meiner Übersicht Halluzinationen und Fantasieren aufgelistet, Beispiele davon habe ich bereits genannt. Merkwürdigerweise waren ihre Halluzinationen nicht mehr so beängstigend, seit sie in das Pflegeheim gezogen war. Wenn sie jetzt Menschen „sah“, waren es meistens ihre Brüder oder Schwestern, aber nicht mehr die schattenhaften Figuren, die früher gedroht hatten, durch das Schlafzimmerfenster ins Haus einzudringen.

Ihre Laken und Decken wurden oft zu einer Art Näh- oder Handarbeit. Und sie stellte sich vor, dass sie zum Supermarkt gegangen war oder zur Kirche oder einem Treffen. Aber mir fiel auf, dass sie nie andere Familienmitglieder besuchte.

Am merkwürdigsten von allem war vielleicht ihre Unfähigkeit, Träume vom Wachsein zu unterscheiden. Das eine Stadium war für sie genauso real wie das andere; sie machte keinen Unterschied zwischen ihnen. Ihr Glaube an die Wirklichkeit dieser geträumten Dinge war unverrückbar. Viele ihrer fantastischen Erzählungen waren vielleicht sogar Träume, die sie nacherzählte.

Ich versuche mir vorzustellen, wie es wäre zu glauben, dass der Traum, den ich letzte Nacht hatte, wahr ist. Eine Welt, die so wild und fließend ist, voller sich verschiebender Episoden und sich wandelnder Gestalten, würde mich zu Tode ängstigen. Wer könnte in einer derart unbeständigen Welt noch vernünftig bleiben?

Zu den Ausfällen meiner Mutter gehörte ihre Aphasie, ihre Probleme mit Sprache; dazu kamen die Verwirrungszustände gepaart mit einigen körperlichen Erscheinungsformen, die man als Zwangsstörungen bezeichnen könnte.

Ihre Hände sind ständig in Bewegung – falten, klopfen, glatt streichen, aufheben. Und ihre Fingerspitzen reiben aneinander, als ob sie das Material eines unsichtbaren Stoffes befühlt. Auch im Schlaf bewegen sich ihre Hände noch und die langen Finger schieben die Gegenstände ihrer Träume umher.

Ich überlege lange, bevor ich der letzten Kategorie den Namen Emotionen gebe. Wir tendieren normalerweise dazu, Denken und Fühlen als gegensätzliche Kategorien zu sehen. Als Kultur haben wir auch einiges in diese Vorstellung investiert. Irgendwie scheint es einfacher für uns zu sein, zu akzeptieren, dass unser Denken durch Traumata oder Krankheit beeinträchtigt werden kann, statt dass unsere Liebe und unser Hass, unsere Freude und unser Leid an so physischen, also zarten Fäden hängen. Man kann die Fähigkeit verlieren zu sprechen oder klar zu denken und trotzdem nicht alles verloren haben. Man ist immer noch ein menschliches Wesen. Aber wenn unsere Gefühle außer Kontrolle geraten, wenn die Drähte des Liebens und Hassens vertauscht werden, dann ist die Person auf einmal nicht mehr zu erkennen.

Wenn wir auf eine vertraute Situation merkwürdig reagieren, sagen unsere Freunde vielleicht: Das passt so gar nicht zu ihr. Manchmal erkennen wir uns vielleicht sogar selbst kaum wieder.

Wir haben uns an die Idee gewöhnt, dass an unserem Verstand herumgepfuscht werden kann. Uns wurde beigebracht, dass unsere Wahrnehmung zum Narren gehalten und unser Urteilsvermögen durch Alkohol, Drogen und Schlafmangel benebelt sein kann. Aber das Wissen, dass unsere Gefühle auf Gedeih und Verderb der chemischen Balance in unserem Körper ausgeliefert sind, macht uns unruhig. Unsere Gefühle scheinen in einem tieferen Sinn wir selbst zu sein, machen uns als Person scheinbar mehr aus, sind näher an unserem inneren Zentrum. Die Vorstellung, dass unsere Gefühle wie auch unser Denken nur physiologische Funktionen des Gehirns sind, bringt uns aus der Fassung. Menschen, die bedenkenlos Antibiotika oder gedächtnisfördernde Mittel einnehmen würden, können dennoch davor zurückschrecken, ein Rezept für Antidepressiva einzulösen. Was sie befürchten, ist nicht, ihren Verstand zu verlieren, sondern ihr wahres Selbst.

Ich setzte mich mit den verzwickten Problemen der Gefühle meiner Mutter auf gewohnte Art und Weise auseinander. Ich ging in die Bibliothek, lieh mir etwas Verständliches über Neurophysiologie aus und begann zu lesen. Das Großhirn, dieser zusammengerollte, leicht flache Ball, ist das, was man auf den gängigen Bildern vom Hirn sieht – die berühmten „grauen Zellen", die Agatha Christies Detektiv Hercule Poirot helfen, seine Fälle zu lösen.

Diese graue Substanz, die Großhirnrinde, ist nur etwa einen halben Zentimeter dick. Und dort passiert der Vorgang, den wir Denken nennen. Aber darunter liegt ein riesiges Netz aus weißen Fasern, das Kommunikationssystem des Gehirns, das den Großteil des Gehirns ausmacht. Um zu denken, zu bewerten, abzuwägen, zu überlegen, zu analysieren oder zu begründen, muss die Großhirnrinde die Informationen haben, die dieses Netzwerk übermittelt.

Tiefer in der weißen Substanz, am Hinterkopf, in einer Art Grube, die durch eine Einbuchtung des Schädels entsteht, sitzt ein Faserknoten, der Kleinhirn genannt wird. In diesem Teil des Gehirns wird die Bewegung der Muskeln geregelt. Er ermöglicht es uns zu gehen, gegen einen Ball zu treten, Zwiebeln zu schneiden und eine Augenbraue zu heben.

Diese beiden Hauptstrukturen, das Großhirn und das Kleinhirn, sind die einzigen Teile des Gehirns, die sichtbar sind, wenn man die Knochenschicht entfernt. Alles andere, die Komponenten, die für unbewusste Bewegungen zuständig sind, also keinen bestimmten Auslöser brauchen – wie Atmen, Herzschlag, Hormonausschüttung –, befindet sich in der weichen Masse des Großhirns.

Wenn das Rückenmark in der Wirbelsäule hochsteigt und ins Gehirn gelangt, wird es zum Gehirnstamm oder zur Medulla. In diesem wichtigen Bereich, so erklärte mir Dr. M., der Neurologe, haben die löchrigen oder geplatzten Blutgefäße meiner Mutter schon großen Schaden angerichtet. Das mehrfache Platzen dieser kleinen Pipeline hat ihren Gleichgewichtssinn zerstört und macht es ihr unmöglich, zu gehen oder zu sitzen, wenn sie in ihrem Rollstuhl nicht von Kissen gestützt wird, die sie davor bewahren, vornüberzukippen.

Über dem Gehirnstamm sitzt das geheimnisvolle Mittelhirn, in dem verschiedene Strukturen des Limbischen Systems untergebracht sind. Dieses steuert die schattenhafte Zwischenregion zwischen unserem Verstand und unseren Emotionen. Mitten darin liegt der Hypothalamus, ein winziges Organ, nicht größer als eine Perle. Von dieser Perle fließen alle unsere Emotionen, oder präziser formuliert, von dort kommen die Befehle an verschiedene Drüsen, ihre elektro-chemischen Stoffe auszuschütten, um unser internes Wetter zu regulieren.

Der derzeitige Stand der Hirnforschung legt nahe, dass die erste Emotion, mit der Neugeborene die Welt begrüßen, Erstaunen ist. Die anderen Gefühlsregungen, die bei Neugeborenen wahrnehmbar sind, sind Unwohlsein und Behagen, ein Behagen, das sich bis zur Freude steigern kann.

Normalerweise entwickeln wir keine Wut, bis wir etwa vier Monate alt sind, wenn das Gefühl der körperlichen Eingeschränktheit als zunehmend unangenehm empfunden wird. (Man fängt gerade erst an zu verstehen, wie wichtig diese Entwicklungsphase für unsere emotionale Welt ist. Wenn Babys nicht gehalten, gestreichelt oder angesprochen werden, bekommen sie möglicherweise zu wenig emotionale Stimulation, um den Unterschied zwischen Unwohlsein und Behagen zu lernen. Dadurch werden sie teilnahmslos, oder wie es medizinisch ausgedrückt wird, sie „entwickeln sich nicht gut".)

Da meine Mutter oft so viel Angst hatte – vor Eindringlingen oder davor, allein gelassen zu werden –, wollte ich wissen, woher diese Angst kam. Was hatte sie gelehrt, Angst zu haben? Der frühe Verlust ihrer Mutter? War Ängstlichkeit eine Charakterschwäche, die früher von ihrer Vernunft in Schach gehalten wurde und jetzt zutage trat? War es ein Nebeneffekt ihrer Medikamente? Was konnte ich tun, damit sie sich sicherer fühlte, damit ihre Ängste verschwanden?

Wir halten die Angst für etwas Instinktives, Naturgegebenes. Wissenschaftler sagen jedoch, dass wir erst sechs Monate in dieser Welt leben müssen, um zu lernen, wirklich vor etwas Angst zu haben.

Also könnte man schlussfolgern, dass Angst eine erlernte Emotion ist. Aber ganz so einfach ist es nicht. Beim Gehirn und seinen Funktionen ist das selten so. Wir stellen uns seine verschiedenen Strukturen als Abteilungen vor, Räume mit verschließbaren Türen, hinter denen die Besatzung die ihnen aufgetragenen Aufgaben erledigt wie Angestellte in ihrer Büronische. Bei diesem Modell agiert der Thalamus, ein eigroßes Stück Gewebe gleich unter dem Kleinhirn, als Büroleiter, der hereinkommende Sinneswahrnehmungen der Außenwelt an die Region des Gehirns weiterleitet, die sich mit Geruch, Sehen, Beschaffenheit, Geschmack und Klang beschäftigt. Der Thalamus beschützt die Großhirnrinde – den „denkenden“ Teil des Gehirns – davor, das gesamte System einschließlich unserer lebenserhaltenden Funktionen im Micromanagement zu betreiben.

Wie jede gute Sekretärin erlaubt es der Thalamus nicht, dass die Chefetage von Aufgaben abgelenkt wird, die auch ein niedrigerer Angestellter erledigen kann. Ein vielversprechendes Arrangement, weil es für uns bedeutet, dass wir nicht wirklich darauf achten müssen, zu atmen oder mit den Augen zu blinzeln.

Natürlich gibt es ein paar Fachleute – Yogis zum Beispiel –, die sich dazu bringen können, die Limbischen Zellen zu stimulieren und so ihre sonst unbewussten Körperfunktionen zu verändern, wie etwa den Herzschlag oder die Körpertemperatur. Die meisten von uns sind allerdings froh darüber, nicht über das Atmen – oder unsere Verdauung oder unseren Augenschlag – nachdenken zu müssen; sonst würden wir es ja nie bis zum Einmaleins schaffen. Die unteren Regionen des Gehirns funktionieren besser ohne das Eingreifen unserer Vernunft.

Aber wie in jedem Büro bekommt man auch immer ein paar Informationen an der Kaffeemaschine mit, die eigentlich über den Verteiler laufen sollten. Und so werden manche Informationen an das Gehirn nicht immer erst vom Thalamus gefiltert. Wissenschaftler sind noch dabei herauszufinden, wie das funktioniert.

Im Normalfall leitet der Thalamus die Stimulationen, die einer Interpretation bedürfen, an das Großhirn weiter, den oberen Teil des Gehirns, der für logisches Denken zuständig ist. Wenn das Großhirn einen Reiz als bedrohlich oder gefährlich interpretiert, schickt es Anweisungen an die Amygdala weiter, einen mandelförmigen Teil der grauen Substanz im Kerngebiet des Gehirns. Die Amygdala, die Informationen vom Gedächtnis, Instinkt und den Emotionen miteinander verknüpft abspeichert, schüttet dann wiederum die entsprechenden biochemischen Stoffe aus. Adrenalin zum Beispiel lädt dann Muskeln, Herz und Lungen auf, verbunden mit der Anweisung ‚Wegrennen!' oder ‚Angreifen!'.

Ist die Situation zu bedrohlich, speichert sie eine Erinnerung an das Ereignis in Farbe und Dolby Surround ab, damit wir sie auf keinen Fall wieder vergessen.

Bei bestimmten Reizen, sehr lauten oder sehr unbekannten Geräuschen, überspringt der Thalamus die Großhirnrinde und sendet die Signale gleich direkt an die Amygdala. Diese nimmt die Angelegenheit dann in ihre eigenen Hände und schaltet auf Hyperantrieb und verpasst dem Körper eine Blutladung Hormone und Peptide. Die scheinbar grundlose oder irrationale Angst oder Furcht, die man manchmal erlebt, kommt also daher, dass die Amygdala mit dem gesamten Körper instinktiv in eine Richtung davongaloppiert ist. In einem Herzschlag hat sich der Körper ohne ersichtlichen Grund in eine toxische Chemieanlage verwandelt.

Das ist natürlich nur ein Beispiel dafür, wie das Gehirn fehlzünden kann. In jedem Moment kann ein kleines Stück Gewebe einfach aufhören, seine Aufgabe zu erfüllen, etwa eine bestimmte Chemikalie zu produzieren oder zu regulieren. Hört der Quell von Serotonin auf zu sprudeln, versinkt eine ehemals heitere Person schon bald in unerklärliche Teilnahmslosigkeit.

Ich hatte mir unter der Rubrik „Emotionen" notiert, dass meine Mutter, die immer dafür bekannt gewesen war, völlige Kontrolle über ihre Emotionen zu haben, diese jetzt kaum noch beherrschen konnte. Ihre frühere Selbstkontrolle war nie kalt oder distanziert gewesen – ganz im Gegenteil. So wie Gottes Zuwendung kannte auch ihre scheinbar keine Grenzen, wie unzählige Freunde und Familienmitglieder bestätigen können. Ihre Anteilnahme ließ sich auch nicht durch Undankbarkeit abschrecken. Ihr Zorn war wie Schießpulver, er flammte heiß auf, klang aber schnell wieder ab. Sie war nie nachtragend gewesen. Auch wenn es nicht allzu oft Anlass für Freude und Lachen gegeben hatte, nahm sie diese Gelegenheiten doch gerne wahr. Und sie hatte sich immer sehr bemüht, Traurigkeit und Selbstmitleid von sich abzuschütteln.

Jetzt waren diese bewundernswerten Züge scheinbar in einem dichten Sumpf verschwunden und boten ihr keinen Schutz mehr vor Angst und Misstrauen. An den meisten Tagen konnte ich ihr kein Lächeln entlocken, geschweige denn ein Lachen. Trotz ihres lebhaften Vorstellungsvermögens war es ihr nicht mehr möglich, sich in die Situation eines anderen Menschen hineinzuversetzen.

Und so verdunstete die bewundernswerte Weite ihres Temperaments einfach. Sie konnte die geistigen Prozesse nicht mehr vollziehen, die zum Beispiel nötig waren, um ihre Situation mit der anderer Bewohner im Pflegeheim zu vergleichen, die etwa völlig isoliert von Freunden und Familie lebten. Sie hatte auch nichts mehr von der soldatischen Tapferkeit übrig, die sie einst bei meinem Bruder und mir an den Tag gelegt hatte.

Ich habe es schon erwähnt: Pflegeheime durchzieht eine beständige Grundmelodie der Wut. Ich habe 90-Jährige im Empfangsbereich von Fair Acres sitzen sehen, die sich geschlagen hätten, wenn sie einander von ihren Rollstühlen aus hätten erreichen können. Pflegehilfskräfte haben mir schon blaue Flecken gezeigt, die ihnen von einem wütenden, bettlägrigen Bewohner zugefügt worden waren.

Meine Mutter jedoch zeigte dort nie Wut, jedenfalls nicht in ihrer offenkundigen Form. Sie war wie ein Muskel, den sie nie zu benutzen gelernt hatte und der deshalb verkümmert war. Stattdessen benutzte sie passive Aggressivität. Wenn ich aus der Stadt musste und sie mehrere Tage lang nicht sah, weigerte sie sich manchmal, mit mir zu sprechen oder mich auch nur anzusehen, wenn ich wieder da war. Manchmal hatte sie auch geträumt, dass wir sie verlassen oder vernachlässigt hatten, und dann empfing sie uns am nächsten Tag mit einem unheilvollen, schweigenden Blick.

Nachdem sie einige Monate in Fair Acres gewesen war, erlebte meine Mutter einen einzigen Moment, vielleicht nicht des Triumphes, aber doch der Genugtuung, ihrer Wut einmal direkt Luft gemacht zu haben. Ich erfuhr von einer Stationsschwester davon, die mich beiseitenahm, als ich eines nachmittags in Fair Acres eintraf.

„Ich weiß nicht, was heute Morgen in Ihre Mutter gefahren ist", sagte sie, die Augen rund vor wieder einsetzendem Befremden. „Sie war beim Frühstück sehr verärgert. Sie hat ihr Milchpäckchen quer über den Tisch geworfen. Und dann nahm sie ihren Teller und kippte ihr Essen auf den Boden. Die arme Frau Hawley und Frau Nowak waren völlig entgeistert. Das sieht ihrer Mutter gar nicht ähnlich, sich so zu verhalten." Die Schwester schüttelte ihren Kopf. „Gar nicht ähnlich."

Ich stand einen Augenblick da und versuchte mir die Szene vorzustellen. Meine Mutter, die meines Wissens in ihrem gesamten Leben noch nie in der Öffentlichkeit eine Szene gemacht hatte und jetzt den Trotzanfall einer Zweijährigen bekam.

„Ich werde mit ihr sprechen", sagte ich der Schwester und wartete, bis ich mich umgedreht hatte, bevor ich leise lächelte.

„Mutter", sagte ich, als ich ihr später das Haar bürstete, „was ist heute Morgen beim Frühstück passiert?"

Sie drehte ihren Kopf ruckartig zum Fenster, als ob sie mich nicht gehört hatte.

„Die Schwester meinte, dass du wegen etwas wütend warst", fuhr ich fort. „Und dass du, ähm, etwas durch den Raum geworfen hast."

Sie schüttelt jetzt den Kopf und ihre blassen Wangen erröten. Sie zupft mit ihren Fingern an dem kleinen Quadrat der Patchwork-Decke auf ihrem Schoß und fängt an, zerstückelt zu erzählen, wo sie letzte Nacht gewesen war. Dann hört sie unvermittelt auf und ihre Augen füllen sich mit Tränen. „Ärger“, sagt sie.

„Nein“, antworte ich, lege die Bürste weg und setze mich ihr gegenüber auf das Bett. Ich nehme ihre Hand in meine. „Du kriegst keinen Ärger. Mach dir keine Sorgen.“ Ich küsse ihre knochigen Finger und wiederhole: „Du kriegst keinen Ärger.“

„Die wollten mich nicht. Mögen mich nicht.“ Sie umklammert meine Finger und fängt an zu weinen.

„Wer, Mutter? Wer wollte dich nicht?“

„Die. Du weißt schon. Die.“

Lilly, eine der redseligen Hilfskräfte, kommt gerade in diesem Moment herein, um den Wasserkrug meiner Mutter für den Nachmittag mit Eis aufzufüllen. Ich frage sie, ob es in der letzten Zeit irgendwelche Veränderungen gegeben hatte, irgendeine Verschiebung in der Routine meiner Mutter.

Sie hebt eine Augenbraue und überlegt einen Moment. „Na ja, wissen Sie, die haben jetzt den neuen Alzheimer-Flügel eröffnet. Der hat seinen eigenen Speisesaal und deshalb haben sie beim Essen einige Sitzplätze im normalen Speisesaal geändert. Das ist alles, was mir einfällt.“

Als sie gegangen ist, frage ich: „Hat dich das heute Morgen wütend gemacht, Mutter? An einem anderen Tisch zu sitzen?“

„Die mochten mich nicht“, gibt sie mit Nachdruck zurück.

„Jeder mag dich, Mutter. Sicher tun sie das“, sage ich und bin mir gar nicht sicher. „Was gibt es da denn nicht zu mögen? Aber weißt du, es kann sein, dass sie es nicht mögen, wenn du deine Milch nach ihnen wirfst.“

Ich ziehe ein bisschen an ihren Fingerspitzen, und als ich sie dazu kriege, wieder zu mir hochzuschauen, grinse ich. „Es war bestimmt auch ziemlich lustig, oder?“

Und ich hoffe, dass sie, als sie sich jetzt abwendet, nur ihr eigenes Lächeln verbergen will.

Als ich gehe, spreche ich mit der Stationsschwester, die bestätigt, dass meine Mutter an diesem Morgen an einen anderen Tisch gesetzt wurde.

„Dann war's das, oder?", sage ich nüchtern. „Veränderung ist schlimm für jemanden im Zustand meiner Mutter, wissen Sie. Ich bin mir sicher, es passiert nie wieder."

Und das tat es auch nicht – leider.

12
Neben den Trümmern ausharren

Auf der Übersicht, mit der ich mir Klarheit über den geistigen Zustand meiner Mutter verschaffen wollte, hatte ich unter der Überschrift „Emotionen“ folgende Notiz aufgeschrieben: Wenn man versuchen will, ihre Fantasien zu verstehen, ist es am besten, nicht auf den Inhalt zu achten, sondern eher auf den emotionalen Grundtenor.

Es wäre zu einfach, wollte man den zerbrechlichen emotionalen Zustand meiner Mutter einfach nur als Verlust der Kontrolle über ihre Gefühle beschreiben. Sie ist zum Beispiel nie außer sich vor Freude oder überwältigt vor Erleichterung. Es sind nur die dunkleren Emotionen – Verzweiflung, Angst, Verachtung –, die sie überfluten.

Dieser Zustand schien mir etwas anderes zu sein als reine Demenz oder auch Depression, und ich überlegte mir einen eigenen Namen dafür. Ich lieh mir den Wortstamm vom griechischen Wort, das unter anderem für Emotionen steht, und nannte es „Dephatie“.

Vor ein paar Jahrzehnten entdeckte die Gehirnforschung, dass bestimmte geistige Funktionen einer der beiden Gehirnhälften zugeordnet werden können. Die linke Hälfte ist für die rationale Analyse zuständig, Lesen und Interpretieren komplexer Zeichensysteme, so etwa, wie auch Computer operieren. Und wie beim Computer ist auch einer der grundlegendsten Vorzüge der linken Hälfte die Geschwindigkeit.

Die rechte Gehirnhälfte arbeitet dagegen in einem etwas

gemächlicheren Tempo. Sie erfährt die Welt direkter und visueller, ordnet deren Informationen eher allgemein statt in einer Reihe von Symbolwerten.

Die breite Öffentlichkeit nahm diese Erkenntnisse so enthusiastisch auf, dass die Frage, ob bei einem Menschen die linke oder rechte Gehirnhälfte dominanter war, zum angesagten Partyspiel wurde. Wie zu erwarten, wollten die meisten Menschen in letztere Kategorie eingeordnet werden, da die rechte Hälfte allgemein als Sitz der Emotionen und demnach der „Kreativität“ angesehen wurde.

Seit damals hat sich jedoch erwiesen, dass die Vernetzung im Gehirn sehr viel komplexer ist. Emotionen haben nicht in der Großhirnrinde ihren Ursprung, sondern in sehr viel tiefersitzenden, feineren Strukturen unseres Hirns. Sie treten nur zur Verarbeitung an die Oberfläche, meist in den vorderen Regionen beider Hälften.

Wer sich dazu verleiten lässt, Fühlen und Denken fein säuberlich auf die rechte und linke Gehirnhälfte aufzuteilen, den mag es überraschen zu erfahren, dass es die rechte Hälfte der Großhirnrinde ist, die vor allem negative Emotionen verarbeitet.

Bestätigt die Hirnforschung also in der Tat unsere kulturelle Annahme, dass Denken und Fühlen die beiden Hauptkomponenten unseres Innenlebens darstellen? Bestimmte Funktionen sind verschiedenen Bereichen des Gehirns zugeordnet, so weit stimmt das, und eine Beschädigung dieses Bereiches kann permanenten Ausfall bedeuten.

Die Schlaganfälle meiner Mutter haben ihre Fähigkeit, Sprache zu benutzen und Bewegungen zu koordinieren, beschädigt. Aber kein Bereich des Gehirns, links oder rechts, Rinde oder Lappen, kann allein ohne die Hilfe der anderen arbeiten.

Macht es also überhaupt Sinn, uns in eine denkende und eine fühlende Person aufzuteilen? Sind wir wirklich an dieser Linie in zwei gegensätzliche Hälften zerteilt? Oder sind diese Kategorien selbst eine Täuschung? Verhindern diese fast universell akzeptierten Klassifikationen ein korrektes Verständnis davon, wer wir sind und was eine Persönlichkeit eigentlich ist?

Die Vorstellung, dass unsere Persönlichkeit aus diesen zwei Polen besteht, hat antike und globale Vorgänger. Im Osten wird diese Trennung als schwarz-weißer Kreis dargestellt, in dem die Linie zwischen Yin und Yang eine doppelte Krümmung hat und ein Punkt der anderen Farbe in jeder der tropfenförmigen Seiten liegt. Der Westen hat kein universelles Zeichen für das geteilte Selbst. Er kennt jedoch ein ähnliches, wenn auch vertikal-hierarchisches Modell, ein Konstrukt, das noch ein Erbe der Griechen ist. Die Vernunft, so meinten die Griechen, solle die ungezügelten Leidenschaften kontrollieren. Später gab uns Freud einen dreigeteilten, wenn auch immer noch vertikalen Entwurf des inneren Selbst. Er postulierte ein Superego, das über dem selbstbezogenen Ego sitzt, um dieses in Einklang mit den gesellschaftlichen Konventionen zu halten. Unterhalb des Ego liegt das verborgene irrationale Es.

In seiner besonderen Nische zwischen Ost und West hat das antike hebräische Verständnis der Person einen anderen Ansatz gewählt, um die menschlichen Fähigkeiten des Denkens und Fühlens zu begreifen. Das Hebräische kennt kein Wort für den Oberbegriff „Gefühle". Aber es gibt viele gute, solide hebräische Worte für konkrete Gefühle – Liebe, Hass, Verlangen, Freude, Leid, sogar die Langeweile im Buch Prediger. Wenn biblische Autoren den *Akt* des Fühlens beschreiben, benutzen sie oft das Verb „bewegen". Zum Beispiel schreibt der Psalmdichter: „Bewegt ist mein Herz von gutem Wort" (Psalm 42,2; E).

Auch das Denken wird im Hebräischen eher praktisch als abstrakt gesehen. Was das Substantiv „Gedanken" angeht, legten die hebräischen Schreiber besonderes Gewicht auf die unüberwindliche Distanz zwischen den Gedanken des Menschen und Gottes Gedanken. Aber das Hebräische sieht Gedanken nie nur als abstrakte Folgerungen, wie es die Griechen taten. Philosophie als Selbstzweck interessierte sie nicht. Wenn sie über schwierige Fragen diskutierten wie etwa die, warum guten Menschen schlimme Dinge passieren, dann neigten sie dazu, wie Hiob Gott wie in einer Gerichtsverhandlung gegenüberzutreten und ihn im Kreuzverhör mit ihren Fragen zu konfrontieren. Das Denken wird auch nicht gegen das Fühlen ausgespielt. Vielmehr sind es die Gefühle, die den Menschen dazu bringen, seine Meinung zu sagen oder bestimmte Entschlüsse zu fassen.

Sehr wohl aber ziehen die alten Hebräer eine klare Linie zwischen den Weisen und den Törichten. Sie verstanden, was Weisheit bedeutet. Weisheit bedeutete aber mehr als einfach nur schlau zu sein, mehr als ein grüblerisches Wesen zu haben. Weise zu sein hatte mindestens so viel damit zu tun, gerecht zu sein, wie intelligent. Weisheit war eine Fähigkeit, die in der Anwendung erlernt wurde.

Schön und gut. Aber wie sollte all diese historische und linguistische Analyse dem armen Gehirn meiner Mutter helfen, das so beeinträchtigt war, dass es ein Wunder war, dass es überhaupt noch funktionierte? Und warum versuchte ich so verzweifelt, all das zu verstehen? Warum durchforstete ich dieses breiige Gewebe, um den Sitz und das Kernstück der Persönlichkeit zu finden? Warum war ich so erleichtert, wenn ich wieder einmal ein weiteres Puzzleteil dieser Hirnprozesse verstanden hatte – als könnte mein Wissen darum ihre Panikattacken abwehren oder ihre Ängste beruhigen?

An guten Tagen schaffte sie es immer noch, sich für Besuch zusammenzureißen, wenigstens für ein paar Minuten, und Small Talk zu führen, indem sie ein paar Mustersätze hervorbrachte, die ich schon mein ganzes Leben von ihr gehört hatte. „Wie schön dich zu sehen.“ Oder: „Danke für deinen Besuch.“ Und für den Fall, dass der Besuch nicht lange blieb, konnte er oder sie weggehen im Glauben, dass es meiner Mutter ja doch nicht so schlecht ging, dass Esther geistig noch anwesend war.

Aber abgesehen von ihren Standardfloskeln konnten nur wir, die über die letzten Jahre immer bei ihr gewesen waren, noch verstehen, wenn sie etwas sagte.

Mit der Zeit wurde ich mir wenigstens einer Sache immer sicherer: Sie hatte ein verborgenes Zeichensystem, das mitten in der tiefsten Demenz in sich sinnvoll war. Ihre Intelligenz war nun völlig emotional. Man verstand sie nur, wenn man nach ihren Metaphern ging, nicht nach der Logik. Ich achtete auf ihre Gesten. Ich horchte auf bei wiederkehrenden Bildern. Diese wurden zum Symbol, durch das ich das bisschen Selbst, was von ihr übrig war, noch erkannte.

Seit ihr Gesicht seinen Ausdruck verloren hatte und größtenteils unbeweglich in der sogenannten „Parkinson-Maske" erstarrt war, lernte ich ihr seltenes Lächeln zu schätzen und merkte mir, was es ausgelöst hatte. Ich lernte auch das versteinerte Starren zu fürchten, das ein sicheres Zeichen war, dass die Wahnvorstellungen sie gerade übermannt hatten.

Aber es gab auch andere Gesten, die genauso wichtig waren, Bewegungen, die niemandem auffallen würden, der sie nicht vor diesem Unglück gekannt hatte. Das zarte Zurückstreichen ihrer Fingerspitzen, mit denen sie unsichtbare Krümel wegwischte. Das vorsichtige Falten ihrer Laken zu einer Näharbeit, die nur für sie sichtbar war. Diese kleinen Gesten des Aufräumens oder Zurechtmachens sind die Überbleibsel der Dinge, die sie immer getan hatte, die ihr einen Sinn gegeben hatten. Das Haus auf Vordermann zu bringen. Feste mit voll beladenen Tischen vorzubereiten, Bettzeug glatt zu streichen, um Gäste willkommen zu heißen. Blumen einzutopfen, Kleidung zu stopfen, Bilder mit Liebe zum Detail zu Ende zu bringen. Nichts unaufgeräumt oder halb erledigt zurückzulassen.

Den Tag, bevor mein Bruder oder meine Töchter zu Besuch kamen, verbrachte sie den ganzen Nachmittag in ihrem Bett, aufgestützt auf ihre Kissen, mit Kochen und reichte mir dann die fertigen Gerichte, um sie wegzustellen.

„Ist genug da?", fragt sie mich mit besorgter Miene. „Sind die Betten gemacht?" Das ist ihre Weise, von Liebe zu reden.

Die Unterhaltungen, die wir – wenn überhaupt – führen, beruhen fast vollständig auf solchen Metaphern. Nur jemand, der anhaltend auf die verborgenen Bezüge achtet, kann die Sprache und ihre Bedeutung verstehen.

Sie redet oft von Babys. Babys weinen, müssen gefüttert und ins Bett gebracht werden. Eines Tages fragte sie, ob ihre jüngste Schwester, mittlerweile 60 Jahre alt, schon ihr Kind bekommen hätte.

„Wusstest du, dass dein Vater noch ein Kind haben möchte?", vertraute sie mir einmal an. „Ich hab ihm gesagt, dass ich erst mal keins mehr will." Sie lächelte leise, als habe es ihr gefallen, dass sie wenigstens gefragt worden war.

Fast jede Woche wird geheiratet. Immer gibt es eine Hochzeit vorzubereiten oder sie kommt gerade frisch von einer. Und manchmal, nicht sehr häufig, aber deprimierender, stellt sie sich vor, dass David und ich uns scheiden lassen. Es kommt auch vor, dass sie von Auseinandersetzungen mit Mitarbeitern erzählt.

„Wir hätten heute vierzehn schaffen sollen, aber ich habe ihr gesagt, das ist unmöglich."

„Natürlich", pflichte ich ihr bei, „das sind viel zu viele."

„Auf keinen Fall", murmelt sie und schüttelt den Kopf. „Ist mir egal, was die sagen." Dies war die äußerste Annäherung daran, ihre eingeschränkten Möglichkeiten anzuerkennen.

Meine Mutter, das glaube ich zutiefst, war nicht nur die Summe ihrer Fähigkeiten zu denken oder zu fühlen. Sie ist auch, und das möglicherweise sehr dauerhafter, geprägt von ihrer eigenen Geschichte. Die Erinnerung an diese Geschichte, die in ihrem Gehirn abgespeichert war, mochte vielleicht zerstört oder unzugänglich geworden sein, wie eine gelöschte oder beschädigte Computerdatei. Aber ihre Vergangenheit war immer noch in diesen Gesten, diesen Bildern, die sie beschäftigten, gespeichert.

Eine Freundin von mir, die Sonderschulpädagogen ausbildet, fragt ihre Studenten am Anfang jedes Semesters, welche Art von Behinderung sie im Zweifelsfall wählen würden. Die Antworten variieren – Taubheit, Blindheit, Querschnittslähmung. Dann überrascht sie sie mit ihrer eigenen Wahl – eine schwere geistige Behinderung. Sogar Alzheimer. „Wenn Sie Ihr Erinnerungsvermögen verlieren“, erklärt sie, „oder wenn Sie geistig stark behindert sind, dann wissen Sie nicht mal, was Sie verpassen. Also leiden Sie nicht unter Ihrem Verlust.“

Menschen, die aufgrund eines Schlaganfalls dement sind, sind sich ihrer Behinderung oft auch nicht bewusst. Ich stolperte durch Zufall über diese Information. Es half mir, den Zustand meiner Mutter besser zu verstehen. Aber getröstet hat es mich nicht.

Meine Jagd nach Fakten über die Krankheit meiner Mutter, vor allem über ihre Demenz, scheint nie aufzuhören. Ich gehe Artikel in medizinischen Zeitschriften und Zeitungen durch. Ich lese Erfahrungsberichte von Pflegern. Ich versuche, diese Fakten mit meinen eigenen Beobachtungen zu vergleichen.

Ziemlich früh schon las ich von einer Strategie, die Validationstherapie genannt wird und speziell bei Alzheimerpatienten angewandt wird. Sie unterscheidet vier aufeinanderfolgende Stadien von Demenz: Desorientierung, Zeitverwirrung, Wiederholungsbewegungen und schließlich das vegetative Endstadium. Die Therapie zielt darauf ab, den Menschen zu helfen bestimmte emotionale Konflikte zu lösen, bevor sie das letzte Stadium erreichen, wenn der Grund für ihre innere Unstimmigkeit ihnen nicht mehr bewusst sein wird.

Man könnte denken, meinen, wenn man den Grund einer Beunruhigung vergessen hat, vergehe auch der daraus resultierende Schmerz. Aber Gefühle, wie eine Melodie, klingen noch viel länger nach, auch wenn ihre Ursache schon längst vergessen ist. Wut, Angst, Bedauern können wie Geister durch die Ruinen unseres Gehirns wandern. Oder, um das Musikbeispiel wieder aufzunehmen, wie ein Ohrwurm, den man nicht mehr aus dem Kopf kriegt, obwohl man den Text nicht weiß. Gefühle bleiben viel länger in uns als die Ereignisse, die sie ausgelöst haben.

Die sich wiederholenden Themen in den Fantasien meiner Mutter bestätigen diese Sichtweise. In den bruchstückhaften, traumähnlichen Geschichten, die sich meine Mutter ausdachte, wurde sie immer zurückgelassen, übersehen oder nicht beachtet. Besorgnis und Argwohn bei älteren Menschen deutet man oft als Reaktion auf ihre jetzige Hilflosigkeit.

Aber auch wir anderen fühlen uns oft zurückgelassen, übersehen oder außen vor. Nur dass wir in der Lage sind, besser mit diesen Gefühlen umzugehen, sie dem Urteil unserer Vernunft zu unterziehen. Und es ist auch erforderlich, das zu tun. Denn wenn das Gehirn unsere Gefühle nicht mehr durch die Vernunft filtern kann, wenn die Vergangenheit verloren ist, können sie als wandelnde Albträume wieder auftauchen.

Ein weiterer Grundsatz der Validationstherapie ist es, die aktuelle Wirklichkeit der beeinträchtigten Person zu bekräftigen, anstatt sie auf die Unstimmigkeiten und Diskrepanzen hinzuweisen.

Mit anderen Worten, ich sollte zu meiner Mutter nicht sagen: „Du kannst heute Morgen unmöglich Grady gesehen haben, Mutter. Er wohnt 1000 Meilen von hier entfernt." Ein solches Bestehen auf Logik hatte ohnehin wenig Einfluss auf meine Mutter, außer dass es sie noch mehr aufbrachte, und so entschloss ich mich eines Nachmittags, als sie die Augen geschlossen hielt und sich weigerte, mit mir zu reden, die Validationsmethode auszuprobieren.

„Du bist wahrscheinlich sauer, weil ich gestern nicht hier war, Mutter", fing ich an. (Gemäß der Validationstheorie soll man versuchen, die Gefühle, die der andere vielleicht nicht ausdrücken kann, für ihn in Worte zu fassen.)

Sie dreht ihren Kopf weg und sieht zum Fenster hinaus.

„Ich kann das verstehen", sage ich weiter. „Du musst dich einsam fühlen."

„Das machst du immer mit mir", murmelt sie jetzt, fast zu leise, um gehört zu werden.

Meine eigenen Nerven sind zum Zerreißen gespannt und ich bin kurz davor, mich wütend zu verteidigen. Aber die Validationstherapie rät auch, die Dinge nicht persönlich zu nehmen. Also beiße ich mir auf die Lippen und hole einmal tief Luft.

Diese Pause ist gut, weil sie ihr Zeit gibt, eine ausufernde Geschichte anzufangen, der ich kaum folgen kann. Die Charaktere sind nichts als nebulöse Pronomen und der Handlungsort ist auch unbestimmt.

„Es war Zeit, zum Essen zu kommen", sagt meine Mutter, „aber ich konnte nicht, weil ich noch nicht fertig war. Sie ist wütend auf mich und dieses andere Mädchen geworden. Aber ich habe einfach weitergemacht und den Mund gehalten."

Ich lehne mich zurück und atme langsam aus. „Wie hast du dich dabei gefühlt?", frage ich und schüttele mich innerlich vor diesem Psychoklischee.

Mit finsterem Gesicht dreht sie sich zu mir, als ob sie die Antwort so offensichtlich findet, dass sie keiner Antwort bedarf.

Trotzdem lege ich ihr Worte in den Mund. „Ich wette, dass fühlt sich schlimm an, wenn du nicht sagen kannst, was du willst."

Sie blickt wieder fort, aber ihre Lider zittern, nicht mehr zu Stein erstarrt. „Du sagst einfach, was sie hören wollen", sagt sie.

Ich streichele ihren Unterarm. „Das hast du immer tun müssen, Mutter, oder?"

„Man versucht einfach, es allen recht zu machen", sagt sie.

„Trotzdem", sage ich, meine eigene Wut ist jetzt verflogen,

„es fühlt sich nicht gut an, stimmt's? Zu verstecken, was man wirklich fühlt."

Und dann seufzt sie, legt ihren Kopf auf das Kissen und fällt in einen tiefen Schlaf.

So wie meine Mutter ihre metaphorische Welt bewohnte, suchte ich nach einer eigenen Analogie, die mir helfen würde zu verstehen, was in ihr vorging. Was zwischen uns vorging. Ich stellte mir vor, dass sie in einer Festung gefangen ist und dass ich davor stehe und mich frage, ob sie hinter diesen Steinmauern wohl noch am Leben ist. Dieses Bild macht die Person zu einem kampfbewährten Helden, der mutig der Unterdrückung standhält.

Eine andere Analogie war die der „Besessenheit". Dabei wohnt das Selbst in seiner eigenen Festung, die aber von einer fremden Macht besetzt wird. Diese Metapher berücksichtigt ihr Leiden; sie beinhaltet aber auch eine gewisse Schwäche im Verteidigungssystem der Festung. War die Struktur der Festung mangelhaft und schlecht konstruiert? Hatten ihre Defekte es angreifbar gemacht? Oder hatte ein Verräter den Feind in die Festung gelassen?

Auf der anderen Seite der Glastüren, die den Alzheimerflügel in Fair Acres abtrennten, stand eine Frau und rief: „Helft mir! Helft mir!" Stundenlang, ohne Unterlass. Diese nackte Angst des Verlassenseins erschüttert sowohl die Bewohner als auch die Besucher von Fair Acres. War diese Angst eine neue Entwicklung, das Resultat der Einlieferung dieser Frau, oder war sie immer schon in ihr herumgeschlichen? Waren nun, da der Festungswall der Vernunft durchbrochen war, ihre Dämonen entflohen, oder waren sie eingefallen? Ich weiß es nicht. Ich kann es nicht sagen. Es quält mich.

Vielleicht stimmt es, dass manche Demenzpatienten einen so drastischen Persönlichkeitswandel durchmachen, dass ihre

Angehörigen sie nicht mehr als die erkennen, die sie mal waren. Das war uns nicht passiert. Meine Mutter war definitiv weniger, als sie früher gewesen war, aber sie war nichts völlig anderes, eine mir völlig fremde Kreatur geworden.

Ich redete also weiterhin zu dem Wesenskern meiner Mutter, selbst wenn ich mir nicht sicher war, dass dieser Kern mich noch hören konnte, so verschüttet, wie er dort in den Trümmern ihres zersprengten Gehirns lag. Das ist die Metapher, die ich am häufigsten benutzte. Ein Jahr, bevor ich wieder zu meinen Eltern gezogen war, war in Oklahoma das Regierungsgebäude in die Luft gesprengt worden und die Bilder hatten sich in mein Gedächtnis eingebrannt. Zusammen mit Bildern von Erdbeben in Japan und der Türkei und einem Erdrutsch in Honduras. Meine Fantasie hatte ausreichend Material zur Verfügung.

Die meisten Opfer solcher Katastrophen starben auf der Stelle. Aber manche lebten noch einige Tage oder sogar Wochen weiter. Als ich an diese Bilder der Zerstörung dachte, fasste ich einen Entschluss: Auch wenn meine Mutter nicht mehr in der Lage sein sollte, zu sprechen oder diese kleinen Gesten zu machen, an denen ich ihr eigentliches Selbst am besten erkannte – ich würde mich weiter um diesen Kern ihrer Person kümmern, der unter den Trümmern verborgen lag.

Egal wie lange es dauern mochte, nach einem Erdbeben blieben die Überlebenden neben dem Trümmerhaufen und bei ihren Angehörigen hocken. Sie redeten mit den Verschütteten, auch wenn sie schon lange keine Antwort mehr bekamen, und ließen sie wissen, dass sie immer noch da waren. Denn Menschen beim Sterben alleinzulassen, ist selbst für die Armen und Hilflosen unvorstellbar.

13
Thanksgiving im Pflegeheim

Als ich ein Teenager war, veranstaltete meine Gemeinde jedes Jahr einen Weihnachtsausflug zum Altenheim. Wir nahmen kleine verpackte Geschenke mit, zum Beispiel einen Kamm oder Rasierwasser für Männer und Taschentücher und Handcreme für die Frauen. Unser Jugendleiter übernahm die enthusiastischen Ansprachen. Wir mussten einfach nur singen und lächeln. Die Tugendhafteren und sozial Begabten unter uns schüttelten sogar ein paar verkrümmte Hände oder tätschelten knochige Schultern. Der Rest von uns sang nur Weihnachtslieder und versammelte sich um das Bett eines Fremden, während wir verstohlene Blicke austauschten und uns gegenseitig wissen ließen, dass wir wussten, dass das hier nicht ganz real war, dass wir keine persönliche Verbindung zu diesem unheimlichen Wahnsinn hatten. Sobald wir konnten, entschwanden wir nach draußen in die kalte Nacht und unser angespannt angehaltener Atem löste sich in prustendem Gelächter.

Ich gehörte nicht zu den Tugendhaften. Mir graute vor diesen Altenheimausflügen, und das nicht nur wegen der Bedrohung für Sinn und Geist, die alternde Körper für die Jugend darstellen. Sogar mit fünfzehn wusste ich schon, dass wir nur eine Show abzogen und das Spiel unserer christlichen Pflichterfüllung spielten.

In den meisten Fällen hatten wir keine Ahnung, wer diese bemitleidenswerten Figuren in ihren Rollstühlen und Krankenbetten waren. Wir wollten es auch gar nicht wissen. In dieser Jahreszeit erwartete man eben Nächstenliebe, genauso wie man bunte Lichterketten erwartete, und wir erfüllten die Erwartung oder lieferten wenigstens die passende Zeremonie. Wir sangen im Altenpflegeheim, um uns selbst am Leuchten unserer eigenen Tugend zu wärmen, genauso wie wir in Texas falschen Schnee und Lametta benutzten, um eine künstliche Sehnsucht nach weißen Weihnachtslandschaften aufkommen zu lassen.

Als Erwachsene machte ich nur selten Besuche bei älteren Verwandten oder Freunden in Altersheimen. Meine nächste einschneidende Begegnung damit erfolgte 22 Jahre später. Wir waren gerade in eine neue Stadt gezogen, und da ich viel freie Zeit zur Verfügung hatte, beschloss ich, an zwei Nachmittagen der Woche in einem Krankenhaus ehrenamtlich zu arbeiten. Damals war ich dann alt genug, um selbst schon neugierig auf die alten Leute zu sein. Einige wichtige Personen in meinem Leben gingen auf die 80 zu. Ich war mit der Realität konfrontiert, dass sie schwer krank werden oder eines Tages sogar sterben könnten. Wie würde das wohl sein?

Von den Patienten, die meisten von ihnen Kriegsveteranen, bekam ich einen Einführungskurs in Amputationen, Lungenkrebs und Schlaganfälle. Wenn ich Patienten ins Röntgenlabor oder zur Physiotherapie schob, sah ich mir ihre verbundenen Beinstümpfe, ihre von Nikotin gelben Nägel und ihre künstlichen Darmausgänge an. Die meisten waren Männer, und Fitness war damals noch unpopulär und sicherlich keine Priorität in ihrem Leben gewesen. Sie saßen dann auf ihrer Bettkante und keuchten wegen ihrer Bronchitis oder mühten sich ab, ein halbwegs verständliches Wort unter dem Trümmerhaufen ihres durch Schlaganfälle beschädigten Gehirns hervorzubringen. Einige konnten auch reden, aber die meisten waren in Schweigen versunken, das entweder Folge einer Krankheit oder zu langen Alleinlebens war.

Als sich meine Umstände änderten und ich nicht mehr im Krankenhaus arbeiten konnte, merkte ich, dass mir diese Nachmittage fehlten, an denen ich Rollstühle durch die Gegend schob. Sie hatten mir eine Welt gezeigt, die nicht nur real war, sondern zu der ich, wie ich jetzt feststellte, auch eine persönliche Verbindung hatte. Trotzdem war ich froh, dass niemand meiner Verwandten an so einem Ort leben musste. Und auch meine Eltern, dessen war ich mir sicher, würden es nie müssen.

In den ersten paar Monaten, in denen ich durch die schweren Mahagonitüren von Fair Acres ging, war ich angewidert gewesen von der Ironie des Foyers, das sich als ruhiges Hotel der gehobenen Klasse gab. Gedimmtes Licht aus Messinglampen fiel auf Seidenblumen-Arrangements, die auf einer Kirschholz-Anrichte standen. Aber die eleganten Empire-Anleihen verschwanden, sobald man das Portal zum Flur passierte. Entlang des Korridors, auf dem die Bewohner lebten, verwandelte sich das vormals unaufdringliche Licht in Neonröhren und statt Teppich gab es PVC-Fliesen, auf denen hier und da gelbe Aufsteller standen, die „Frisch gewischt" verkündeten.

Während dieser ersten Tage hetzte ich immer an der Schwesternstation vorbei und nahm nur flüchtig die verwahrloste ambulante Truppe wahr, die die wasserabweisenden Queen-Anne-Stühle im Gemeinschaftsraum besetzt hielten. Die Möbel sind zwar in einem Kreis angeordnet, in der Hoffnung, ein Gemeinschaftsgefühl aufkommen zu lassen, aber vergebens. Die Bewohner reden nicht miteinander. Die einzige menschliche Stimme kommt von einem transportablen Radio, aus dem unermüdlich christliche Talkshows erschallen.

Zu meiner Linken steht ein Halbkreis mit Rollstühlen um die Schwesternstation herum wie die Wagenburgen der Pioniere. Hier sitzen die Bewohner, die ein wenig mehr Aufsicht brauchen – die Kippler und die Weinerlichen, die durch „Lap Buddies" davor bewahrt werden, ständig aus dem Rollstuhl zu fallen – gepolsterte Kissen, die natürlich niemals „Fixierung" genannt werden. (Gewisse Begriffe sind hier verboten, etwa „Patient". Jeder ist hier ein „Bewohner".) Einige im

Rollstuhlkreis ziehen diesen Ort einfach dem Aufenthaltsraum vor, wahrscheinlich, weil hier mehr passiert. Hier klingelt das Telefon, das Personal palavert und beschwert sich, Besucher kommen vorbei, um Fragen zu stellen. Trotz aller Aktivität scheinen sich die Rollstuhlinsassen der Gegenwart der Person neben sich überhaupt nicht bewusst zu sein. Sie sprechen nicht miteinander, sehen sich nicht an, außer zu seltenen Gelegenheiten. Ihre Gesichter sind so ausdruckslos wie die Steinstelen auf den Osterinseln. Ein paar sind auch von geheimen Qualen verzerrt. Eine Frau umklammert einen Stoffhasen. Eine andere stöhnt monoton: „Helft mir, helft mir." Die anderen starren geradeaus, mit versteinerter, fast hoheitsvoller Miene.

Nur wenn Besucher vorbeikommen, verändert sich ihre Mimik und sie schauen an den Fremdlingen hinauf, von denen einige ihnen entschlossen freundlich zunicken. Der Blick, den sie dafür zurückbekommen, ist dagegen anklagend: „Glaube nicht, dass du uns irgendeinen Gefallen tust. So leicht kommst du uns nicht davon."

Nachdem ich die ersten Wochen dieses täglichen Spießrutenlaufens hinter mir hatte, fing ich an, mit einigen der Bewohner zu reden, denen ich auf dem Weg zum Zimmer meiner Mutter begegnete. Aber keiner erwiderte meinen Gruß, jedenfalls zunächst nicht. Ein paar schauten mit einem verwunderten Stirnrunzeln auf, als ob ich sie aus einem tiefen Tagtraum gerissen hätte. Ein oder zwei nickten mir nach einem kurzen Moment des Nachdenkens zu oder sahen mir wenigstens offen ins Gesicht.

Ich konnte es ihnen nicht verübeln, dass sie mich ignorierten. Sie hatten jedes Recht sich zurückzuziehen. Nur eine Handvoll Bewohner haben Menschen, die sie regelmäßig besuchen. Die meisten werden nur gelegentlich besucht, andere selten oder nie. Ein Mensch, der aufgegeben wurde, legt sich eine dicke Schicht schützender Kälte zu.

Nach einigen Wochen bekam ich Kontakt zu einer Frau, an

der ich jeden Tag vorüberging. Zunächst schaute sie nur hoch, wenn ich sie ansprach. Dann, nach ein paar Tagen, nickte sie. Am Ende der Woche erwiderte sie meinen Gruß. Wenn sie mich jetzt kommen sieht, macht sich eine gewisse Erwartung auf ihrem Gesicht breit und sie hebt die Hand, um meine mit der ihren einzufangen.

„Diese Hände sind zu kalt“, sagt sie kopfschüttelnd.

„Sie müssen mal warm werden.“

Stella ist winzig – höchstens 40 Kilo schwer – und hat dieselben feinen Gesichtszüge wie eine Tante, die bei unserer Familie lebte, als ich noch ein Kind war. Ihre Lippen sinken über ihren zahnlosen Gaumen und ihr Kinn springt scharf wie ein Schiffsbug hervor. Ihr linkes Bein ist ab dem Knie amputiert und ihr rechter Fuß, normalerweise in einem roten flachen Schuh, ruht ordentlich auf der einen Fußstütze des Rollstuhls. Ich habe keine Ahnung, wie sie ihr Bein verloren hat. Vielleicht kann ich eines Tages mal danach fragen. Ihre Garderobe besteht aus vier oder fünf Kleidern, die ich mittlerweile ganz gut kenne. Sie nimmt sich offensichtlich viel Zeit dafür, ihre Ärmel und ihre Röcke glatt zu halten, und deshalb komme ich oft dazu, ihr Komplimente wegen ihres Aussehens zu machen. Zu speziellen Anlässen wie diesem – das Thanksgiving-Essen mit Angehörigen – trägt sie eine Kette mit roten Perlen.

Viola, die in einem Bereich für die etwas unabhängigeren Bewohner wohnt, hat nicht vor, daran teilzunehmen. Viele aus diesem Flügel tun das nicht. Sie sind die „Oberschicht“ der Einrichtung, Menschen, die auch zu Hause noch gut zurechtkommen könnten, aber aus dem einen oder anderen Grund an die Ufer von Fair Acres gespült wurden. Die meisten haben körperliche Behinderungen wie schwere Diabetes oder MS, aber sie verfügen noch über alle ihre geistigen Fähigkeiten. Sie bilden ihren eigenen kleinen Privatklub, spielen nachmittags im Freizeitraum Karten oder besuchen sich gegenseitig in ihren unbescheiden ausgestatteten Zimmern.

Viola hat wunderschönes weißes Haar, das im Stil der 40er-Jahre-Filmstars gewellt ist. Wegen ihres schweren Herzfehlers ist sie zusammen mit ihrem krebskranken Mann nach Fair Acres gezogen. Er ist eine Woche zuvor gestorben.

Sie erzählt mir davon, während sie in ihrem Rollstuhl am Eingang zu ihrem Zimmer geparkt steht, und will mir versichern, dass sie ganz und gar auf den Verlust vorbereitet war, ihn sogar begrüßt hat, „seinetwegen".

Sie erzählt mir, dass mein Mann sie vor ein paar Tagen besucht und mit ihr gebetet hat. „Er ist so ein Schatz", sie schüttelt den Kopf, „aber mir geht es gut." Sie macht eine anmutige, bescheidene Bewegung mit der Hand und streift dabei die Federn ihres Staubwedels.

Das leere Bett ihres Mannes, merke ich jetzt, ist schon mit einem neuen Bewohner belegt worden. Viola schaut hoch, sie lächelt schief. „Meine neue Mitbewohnerin beschwert sich, dass ich zu viel Besuch habe." Sie zeigt den Gang hinunter, wo ihr Besuch herkommt – alles Bewohner dieses Hauses.

Mein Mann hat sich auch mit Elsie angefreundet, einem anderen Mitglied der „Unabhängigkeitsfraktion", die es komischerweise vorzieht, in der Rollstuhlreihe um die Schwesternstation herum zu stehen. Elsie ist eine pensionierte Lehrerin, deren Sohn, wie sie David anvertraut, sie nach ihrem Schlaganfall nach Huntsville gebracht und hier in Fair Acres eingemietet hat. Jetzt kommt der Sohn nie mehr vorbei. Scheinbar überlässt er diese Pflicht seiner Frau, einer großen Blondine, die das Fitnessstudio betreibt, in dem ich immer schwimmen gehe.

Elsie ist eine groß gewachsene Frau, oder zumindest wäre sie es, wenn sie noch stehen könnte. Das kann man daran sehen, dass ihr unbrauchbares linkes Bein, das zwecks besserer Durchblutung ausgestreckt auf der Fußstütze ihres Rollstuhls ruht, weit in die Verkehrsstraße um die Schwesternstation hineinragt. Elsie verbringt viel Zeit mit Schlafen und hält sich dabei einen Waschlappen an die eine Seite ihres Gesichts, um den Speichel aufzufangen, der aus ihrem halb gelähmten Mund fließt. Ihre gute Aussprache als Lehrerin ist jetzt so verschliffen, als hätte sie getrunken. Trotzdem hat sie immer noch denselben bissigen Humor und dieselbe Gradlinigkeit. Heute parkt sie schon an einem Tisch, als mein Vater und ich meine Mutter in den Speisesaal schieben. Ihre aerobische Schwiegertochter sitzt neben ihr und sieht leicht abwesend aus.

Heute ist natürlich nicht wirklich Thanksgiving. Wir tun nur so. Der Feiertag ist sogar erst in mehr als einer Woche, aber in Pflegeheim-Zeit macht eine Woche mehr oder weniger keinen großen Unterschied. Ich versuche nicht mal, es meiner Mutter zu erklären. Die Abstraktionen von Zeit sind mittlerweile zu viel für sie. Ich erwähne auch nicht, dass mein Mann und ich nächste Woche das „echte" Thanksgiving in Kansas mit den Familien unserer Töchter feiern werden.

Meine Mutter hat den harmlosen Trick mit dem Datum glücklicherweise nicht bemerkt; sie trägt ihr neuestes Kleid und eine zuvorkommende Hilfskraft hat ihre Wangen mit Rouge geschminkt und auch ein wenig Lippenstift auf ihren Mund getupft. Unglücklicherweise droht die Aufregung um das Fest sie schon fast wieder zu überwältigen. Ihre Augen schießen durch den Raum und versuchen, den Grund für den ungewohnten Tumult herauszufinden. Ihr Atem geht kurz und flach.

Die Tische wurden für den Anlass umgestellt, sodass mein Vater und ich jeweils auf einer Seite meiner Mutter sitzen, während Cousine Margaret am Kopfende Platz nimmt.

Uns gegenüber sitzen Norman, dessen Behinderung offensichtlich angeboren ist, und James, ein dunkelhäutiger Mann im Cardigan, der kühl und stattlich wirken will, um seinen unsicheren Gang von einem Schlaganfall zu kaschieren. Beide sind Stammgäste aus dem Aufenthaltsraum. James' Stammplatz ist das Zweier-Sofa an der Nordwand. Norman ist der Besitzer des christlichen Radiogeräts. Sie bewahren heute dieselbe Distanziertheit, die sie auch an Nicht-Feiertagen an den Tag legen.

„Dürfen wir uns dazugesellen?“, frage ich, als wir unsere Stühle herausrücken, und versuche, meiner Stimme etwas Heiteres zu verleihen, das sie hoffentlich als Feiertagslaune verstehen werden.

James neigt höflich den Kopf. Norman sagt: „Sicher“, und blinzelt ein paar Mal, was ein „Willkommen“ sein könnte.

„Ist das nicht schön?“, sage ich enthusiastisch und gestikuliere in Richtung des Blumengestecks – ein Korb mit orangenen, gelben und roten Seidenblättern, getrockneten Grashalmen und kleinen Plastikmaiskolben.

James nickt; Norman sagt: „Ja, sehr schön.“ Mein Vater grinst ermutigend. Margaret sagt: „Oooh ja.“

Meine Mutter hechelt jedoch immer noch und ihr Atem, schnell und flach, kommt mit einem schwachen Pfeifen aus ihrer Nase. Ich nehme ihre Hand und drossele meine überdrehte Festtagsstimme ein wenig und deute für sie noch mal auf das Blumengesteck. Sie zeigt stattdessen auf einen großen Korb mit Brötchen, die auf dem Tisch langsam kalt werden. Ich bestreiche ihr ein Brötchen mit Butter und gebe es ihr.

In der Zwischenzeit manövriert eine der Pflegerinnen einen weiteren Rollstuhl in seine Position am Tisch, gegenüber von meinem Vater. Darin sitzt eine Frau, die viel älter aussieht als meine Mutter, auch wenn ihr dauergewelltes Haar rostfarben und ihre Seidenbluse makellos ist. Ihr Kopf zittert und ihre Hand umklammert einen Waschlappen, mit dem sie sich ununterbrochen den Mund abtupft. Ich sehe, dass ihr Waschlappen den Speichel auffängt, den ihre Zunge, zwanghaft hin- und herzuckend wie bei einem kleinen Nagetier, ihr vorne aus dem Mund schiebt.

„Sie leisten uns Gesellschaft?“, frage ich. „Wie schön.“ Ich stelle die Mitglieder unserer kleinen Runde vor. Strahlend erhebt sich mein Vater halb und streckt seine Hand über den ganzen Tisch hinweg aus. Die Frau schüttelt sie locker und, nachdem sie ihren Mund abgetupft hat, sagt sie uns ihren Namen, der nach einigen Wiederholungen als „Mary“ verständlich wird. Das Hecheln meiner Mutter ist schwächer geworden und sie nickt der Frau schüchtern zu.

Ich suche nach einem Eröffnungsthema, das vielleicht ein feines Netz der Verbundenheit spinnen kann, eine Sympathie quer über den Tisch hinweg ermöglicht. Margaret, deren hohe, dünne Stimme über den Tumult am Tisch kaum gehört werden kann, kommt mir zu Hilfe. Ich fühle mich wie eine altmodische Telefonistin, die die verschiedenen Leitungen auf einem altersschwachen Schaltbrett umsteckt.

Mary hat beim Antworten Mühe, die richtigen Floskeln aus ihrem Vorrat an Plaudereien zu finden. Nach Marys Seidenbluse und ihren frisch manikürten glänzend roten Fingernägeln zu urteilen, schätze ich, dass sie aus der exklusiven Nachbarschaft der Unabhängigen stammt.

Ich überlasse Mary Margaret und konzentriere mich darauf, irgendwelche Nichtigkeiten so laut über den Tisch zu brüllen, dass auch Norman und James sie hören können.

„Riechen Sie das? Mhm, Truthahn!“

„Welchen Kuchen werden Sie nachher probieren? Kürbis oder Pekanuss?“

„Möchten Sie noch ein Brötchen zum Überbrücken?“

Ab und zu nicke ich meinem Vater aufmunternd zu, der auf keinen Fall mehr hören kann, was neben dem lebhaften Geklapper gesagt wird, als das Essen aus der Küche gebracht und auf ein Buffet gestellt wird.

Alles in allem braucht es gute vierzig Minuten, um alle Leute und alles Essen an die Tische zu bringen. Als der Direktor dann versucht, alle so weit zu beruhigen, dass er für das Essen danken kann, hat meine Mutter schon längst das Brötchen mit Butter verdrückt, das ich ihr geschmiert hatte, und lehnt wie eine Stoffpuppe links aus ihrem Rollstuhl heraus. Sobald Judy, die Freizeitkoordinatorin, mit einer Stimme wie ein Megaphon, erklärt hat, wie die Essensschlange funktionieren soll, gehe ich sofort zum Buffet, um einen Teller für meine Mutter zu füllen. James und Norman sind gleich hinter mir. Ich belade den Teller mit Truthahn, Soße, Süßkartoffeln, Obstsalat, Cranberrysauce – alles Gerichte, von denen ich weiß, dass meine Mutter sie immer mochte. Und als ich ihr den Teller vorsetze und anfange, den Truthahn in mundgerechte Bissen zu schneiden, wiederhole ich ihr die Namen von jedem Teil, in der Hoffnung, ihr damit Appetit zu machen.

„Nimm doch ein bisschen Soße dazu, Mutter, die magst du bestimmt."

Sie ignoriert mich und isst sich langsam aber stetig durch die Truthahnstückchen.

„Hättest du gerne noch ein Brötchen? Ich schmier' dir Butter drauf."

Sie schüttelt den Kopf, legt die Gabel hin, als sie mit dem Truthahn fertig ist, und lässt den Rest unberührt. Ich weiß, dass der Lärm sie ablenkt, die Geräusche dieses Durcheinanders, das sie nicht entwirren kann.

„Nachtisch?", frage ich. „Ich glaube, es gibt Kürbiskuchen. Oder hättest du gern süßen Auflauf?" Sie antwortet nicht, aber ich hole ihr ein kleines Stück vom Kürbiskuchen. Sie beachtet es nicht und fängt wieder an zu hecheln.

Sobald mein Vater aufgegessen hat, schlage ich vor, dass er sich für seinen Mittagsschlaf zurückzieht. Dann schiebe ich meine Mutter zurück in ihr Zimmer. Ich schließe die Tür und wir sind beide erleichtert von der Stille, die sich um uns ausbreitet. Ich drücke auf die Klingel, um eine Hilfskraft zu holen und meine Mutter in ihr Bett zu heben. Dann sitze ich bei ihr und halte ihre Hand, bis sie in einen unruhigen Schlaf fällt.

„Das ist doch gut gelaufen, findest du nicht?", flüstere ich Margaret zu, als sie ein paar Minuten später auf Zehenspitzen hereinschleicht, um sich zu verabschieden. Ich fühle die satte Selbstzufriedenheit einer Gastgeberin, die gerade eine erfolgreiche Dinnerparty geschmissen hat.

Ich bin sogar noch glücklicher, als James am nächsten Tag von seinem Zweisitzer aus zum ersten Mal mein Winken erwidert. Er hebt einen Zeigefinger und lächelt so zögerlich, als ginge er gerade ein großes gesellschaftliches Risiko ein und hoffe, dass ich mich an ihn erinnere.

Ich bedauere es natürlich, dass das Fest meiner Mutter keine wirkliche Freude bereitet hat. Ich muss meine Schuldgefühle bekämpfen, dass mir etwas Freude gemacht hat und ihr nicht. Und auch wenn ich versuche, mein schlechtes Gewissen zu ignorieren, so droht doch mein Bedauern für sie, deren Freude so eingeschränkt ist, meine eigene Freude über das Vergnügen der anderen zu überschatten.

Aber es stimmte, ich war glücklich. Und ich glaube, dass es nicht nur die eitle Genugtuung war, zu wissen, dass James und Norman mit ihrem Truthahn und Kürbiskuchen auch ein Stück Unterhaltung genossen hatten. Oder dass Mary, in ihren Glanzzeiten wahrscheinlich selbst eine Unterhaltungskünstlerin, es mal wieder geschafft hatte, uns mit ihrer schicken Bluse und Fingernägeln in Staunen zu versetzen.

Freut mich, Sie kennenzulernen, sagt man, wenn man jemandem vorgestellt wird. Und ich freute mich unglaublich, sie alle doch schließlich kennengelernt zu haben. Ich hoffe, sie waren auch froh. Meine eigene Freude rührte daher zu sehen, wie sie mich durch einen Spalt ihrer sorgsam aufgebauten Teilnahmslosigkeit hatten blicken lassen. Und durch diesen Spalt erhaschte ich einen Blick auf die andere Seite der Mauer, vor der ich als Teenager noch aus Angst und Arroganz geflüchtet war. Die andere Seite der Mauer, auf der auch ich eines Tages leben werde.

„Wie ist denn das Essen im Pflegeheim gelaufen?“, fragte meine Tochter in der folgenden Woche, als wir uns gerade im Wohnzimmer vom „richtigen“ Thanksgiving-Essen erholten.

„Erinnerst du dich an das Gleichnis im Evangelium, wo der Hausherr seine Diener hinausschickt an die Straßen und Zäune, um die Verstümmelten, Lahmen und Blinden zu holen, weil alle eingeladenen Gäste nicht zu seinem Bankett erschienen sind?"

„Mmm ... ich glaube, ich erinnere mich."

„Tja, so ungefähr war das. Und irgendwie bin ich auch zu diesem Bankett gekommen."

14
Die Stunde unseres Todes

Schon seit sie so alt war, wie ich es jetzt bin, hatte meine Mutter davon geredet, dass sie bereit sei, zu sterben. Sie wartete fast ungeduldig auf die Freuden – und den Frieden – des Himmels. Sie meinte, sie könne nicht verstehen, warum manche Menschen sich so dagegen wehrten, wenn ihre Zeit gekommen war.

Aber nach einem Jahr im Pflegeheim änderte meine Mutter ihre Meinung, sofern sie denn wirklich noch eine hatte. Sie beschloss, dass sie nicht sterben wollte. Sie war in dieser Sache sehr überzeugt, auch wenn sie in vielem anderen verwirrt war. Und während ihres ersten Jahres in Fair Acres merkte ich, dass sie recht hatte. Sie war noch nicht bereit.

Früher hatte ich die Meinung meiner Mutter geteilt. Meine eigene Lieblingsmetapher für den Tod war die Vorstellung, auf große Seefahrt zu gehen, mit all der Aufregung und Vorfreude, die so ein Abenteuer mit sich bringt. In meiner Vorstellung war das Schiff, mit dem ich mich auf diese Reise begab, ein schnittiges Segelboot, dessen Segel sich im auffrischenden Wind laut knatternd aufblähten.

Zu sehen, dass meine Mutter nicht sterben wollte, veränderte meine Sicht auf diese bildhafte Vorstellung. Auch wenn ich beim Reisemotiv bleibe, werde ich das Bild vom ablegenden Segelschiff für sie wohl verändern müssen – in das eines kleinen Auslegerbootes, dessen Bambus-Schwimmkörper abgebrochen ist.

Nachdem ich mich einige Monate lang gewundert hatte, dass das Thema Tod scheinbar so völlig aus ihren Gedanken verschwunden war, beschloss ich, dass es an der Zeit wäre, ein ernsthaftes Gespräch über den Tod zu führen. Nicht zuletzt, weil ich gelesen hatte, dass man dies nicht vor sich herschieben sollte. Menschen, die im Sterben liegen, wollen oft verzweifelt gern über ihr nahes Ende sprechen, heißt es dort, aber sie trauen sich nicht, weil sie das Unbehagen ihrer Angehörigen bei diesem Thema fürchten.

Bevor ich das Thema anschnitt, fragte ich aber einen Freund, der Krankenhaus-Seelsorger ist, und noch einen weiteren mit geistlicher Ausbildung. Beide stimmten mir zu. Das ist etwas, das passieren muss, etwas Sinnvolles, das ich für meine Mutter tun kann. Na gut, dachte ich, dann lasse ich sie wenigstens in diesem Bereich nicht im Stich.

Also kam ich eines Nachmittags ins Pflegeheim und war darauf vorbereitet, über den Tod zu sprechen. Nicht, dass ich Grund zu besonderer Besorgnis hatte. Meine Mutter war nicht zimperlich. Außerdem hatte ich einen Vorlauf durch all die früheren Gespräche, die wir vor ihrer Krankheit geführt hatten und in denen wir uns einig gewesen waren, dass Sterben zwar eine unangenehme Vorstellung war, der Tod selbst bei uns aber kaum Angst auslöste. Es war eigentlich gar kein Tod, sondern ein reicheres Leben.

Meine Mutter stellte sich das Leben nach dem Tod vor allem als riesiges Familientreffen vor. Über ihre Vorstellung von der Zukunft ließ sich einfacher reden als über meine eigene, die auch mit mystischeren Ideen wie Lichtgeschwindigkeit und Quantensprüngen zu tun hatte. Meine Mutter hatte schon länger nicht mehr von ihrem Familien-Picknick-Himmel gesprochen, dafür aber Kommentare gemacht wie: „Dann kann ich auch gleich sterben“ oder noch häufiger: „Ich bin das alles hier so leid.“ Also dachte ich, dass mich nichts davon abhalten sollte, das Thema ganz direkt anzusprechen.

„Denkst du oft über das Sterben nach, Mutter?“, fragte ich sie an diesem Nachmittag. Das Wetter war im September endlich etwas abgekühlt, sodass man sie nach draußen in den Innenhof schieben konnte. Ich goss ihr einen Teil der Cola über zerstoßenes Eis und trank dann den Rest aus der Dose. Sie blinzelte und drehte ihren Kopf herum, um mich anzusehen. „Nicht besonders“, sagte sie.

Ich hätte die Andeutung gleich verstehen sollen, aber pflichtbewusst machte ich weiter, und entschied mich, ein wenig auf Abstand zu gehen und das Thema pragmatisch anzugehen.

„Hast du in Oakwood eigentlich zwei Grabstellen oder nur eine?“ Oakwood ist der Friedhof, wo der Großteil ihrer Familie begraben ist.

„Zwei“, sagte sie. Sie drehte ihren Kopf wieder zurück und starrte auf die Fahne, die von einer aufkommenden Böe angehoben wurde.

Ich wartete, aber sie fügte dem nichts hinzu. Da wir aber schon mal so weit gekommen waren, wollte ich den Versuch nicht gleich wieder aufgeben. Ich suchte verzweifelt in meinem Kopf nach noch einer praktischen Herangehensweise.

„Also … worin möchtest du gerne begraben werden?“

Sie starrte mich wieder an und guckte finster. „Irgendetwas …“, sie gestikulierte vage, „na ja, nicht in Lumpen.“

Ich lachte unsicher. „Das habe ich bestimmt nicht vor. Ich dachte nur, du hättest vielleicht gerne was Bestimmtes. Ich meine, wäre dir ein Kleid lieber oder ein Kostüm?“

Sie schien sich wirklich Gedanken darüber zu machen – sie war an diesem Tag geistig sehr „fit“ – als ob es um die Frage ging, einem gesellschaftlichen Ereignis beizuwohnen. Und irgendwie war es das ja auch.

„Es wird kühler“, meinte sie zögerlich.

Ich nehme diesen Anhaltspunkt auf und stürme weiter. „So ist es, ja. Also nehme ich an, dass dir ein Anzug lieber wäre, weil er wärmer ist?“

Sie nickt und scheint zufrieden mit dieser Schlussfolgerung aus ihrer Bemerkung über das Wetter zu sein.

Ich verzichte darauf, sie darauf aufmerksam zu machen, wie absurd es ist zu denken, dass ihr toter, kalter Körper die zusätzliche Wärme einer wollenen Kostümjacke brauchen werde. Früher hätte ich es getan. Sie war immer stolz darauf gewesen, den Tatsachen ins Auge zu sehen, vor allem den harten, ein Wert, den sie auch mir beigebracht hat. Heute bin ich einfach nur froh, dass sie die Wetterveränderung mitbekommen hat.

Egal wie viel Genugtuung es mir gebracht hatte, meine psychologische Pflicht erfüllt zu haben, sie wurde in der folgenden Wochen zunichtegemacht.

Es ist kein guter Tag. Sie liegt im Bett und hatte sich geweigert, zum Mittagessen in den Speisesaal zu gehen. Ich sitze seit einer halben Stunde neben ihr, versuche, ein Gespräch anzufangen, aber ihre Augen fixieren ohne Unterlass die Szene draußen vor dem Fenster. Sie lehnt jeglichen Gesprächseinstieg ab, den ich ihr anbiete. Dann sagt sie plötzlich mit ungewohnter Klarheit und Bitterkeit: „Du willst ja nur, dass ich sterbe."

„Was?", stoße ich hervor. „Ich hab nie so etwas gesagt."

„Du redest schon über meine Beerdigung."

Nach einem fatalen Moment des Zögerns sage ich: „Ich hab nur gefragt, weil ich es wissen muss. Wegen der Grabstätte und was du tragen möchtest."

„Aber ich habe nie –", ich breche meinen Protest ab, übermannt von meiner Verwirrung. Die alte Kindheitsangst, von meiner Mutter erwischt zu werden, steigt in mir hoch. Meine Stimme klingt nicht überzeugend, nicht mal in meinen Ohren. Und das nur, weil sie mir auf die Schliche gekommen ist, wenigstens einem Teil von mir, auch wenn er nur klein ist.

Trotzdem schaut sie, als schäme sie sich ein wenig, als ob sie vielleicht wirklich zu weit gegangen ist, mich zu sehr oder zu Unrecht beschuldigt hat. Sie tastet nach einem Wort.

„Anders. Dingel. Der Junge."

Es dauert ein paar Sekunden, bis ich das Worträtsel gelöst habe. Mir fällt ein, dass meine Tochter und ihr vier Jahre alter Sohn vor ein paar Tagen zu Besuch waren, und schlage ihr seinen Namen vor: „Dylan?"

„Ja. Ich hab den kleinen Jungen gesehen und dachte: ‚Ich werde nicht sterben.'" Sie betont jedes Wort einzeln und nachdrücklich.

Aber was kann ich tun, außer ein zustimmendes Geräusch von mir zu geben? Trotzdem fühle ich noch einmal Schuld in mir aufsteigen. Weil sie sterben wird. Es hat zwei Jahre gedauert, bis ich mir diese Tatsache eingestehen konnte. Und es ist ohne Zweifel die schlimmste Tatsache, der ich mich je stellen musste.

Elisabeth Kübler-Ross hat uns allen einen großen Dienst erwiesen, als sie einen Scheinwerfer auf das dunkle Geheimnis unserer Kultur richtete – die Art und Weise, wie wir uns trotz aller Beweise dagegen wehren, dass wir sterben werden. Es ist nicht so sehr, dass wir diese blanke, unausweichliche Tatsache nicht glauben können, aber wir lassen sie von unserem Bewusstsein nicht mal in Betracht ziehen. Ich bin überzeugt, dass die Medien uns einen guten Dienst erweisen würden, wenn sie alle 30 Minuten einfach diese Ansage ausstrahlen würden: *Vergiss nicht: Du stirbst.*

Mindestens ein Jahr lang, nachdem bei meiner Mutter Parkinson festgestellt wurde, verkündete sie in regelmäßigen Abständen mit einem triumphierenden Recken des Kinns, dass Jesus bald wiederkommen werde. Sie sagte es nicht direkt, aber ihre Aussage sollte ganz klar ausdrücken, dass dieser letzte Akt der Weltgeschichte noch vor ihrem eigenen Tod eintreten würde, und auch, bevor die Krankheit sie zu einem bemitleidenswerten Häufchen Elend gemacht haben würde.

Solche Verzweiflung war nicht typisch für sie. Immer wenn sie so etwas proklamierte – die Frau, die mir beigebracht hatte, sich den Tatsachen zu stellen –, starrte ich sie kurz an und war geschockt von dieser peinlichen Verwertung ihrer Stärke und ihres Glaubens. Dann schaute ich weg. Wie sollte man jemanden, der einer so trostlosen Zukunft entgegenblickte, darauf hinweisen, dass er sich etwas vormachte und es nicht wahrhaben wollte?

In den fünf Jahren in Fair Acres kamen solche Vorhersagen oder auch nur Wünsche immer seltener in Gesprächen vor. Jesus hatte sich wohl schon zu lange aufhalten lassen, um ihr jetzt noch irdisches Glück zu verschaffen. Vielleicht war das der Grund, warum sie ihn gar nicht mehr erwähnte.

Trotzdem war sie noch nicht bereit, dieses Leben aufzugeben. Sie hielt weiter daran fest. Sie war deprimiert und abgekämpft und äußerte solche Gefühle sogar manchmal, aber sie war noch nicht dazu bereit, sich loszureißen. Immer wenn ich Personen erwähnte, die sie im Himmel wiederzusehen hoffte – ihren Vater, ihre Schwestern und die Tante, die ihr alles an Mutterliebe gab, das sie je bekommen hatte –, wandte sie den Kopf ab, als ob sie mir zeigen wollte, wie ungeduldig sie mein Versuch, sie zu trösten, machte.

Ihr Desinteresse an den religiösen Fragen im Zusammenhang mit dem Sterben überraschte mich mehr als ihr Zurückschrecken vor nackten Tatsachen. Der Glaube war schließlich ihr einziges Mittel gewesen, den Tatsachen ins Auge zu blicken, von denen so viele hart und bitter gewesen waren, die ihr das Leben oft vergällt hatten. Und jetzt nahm sie den Namen ihres Schöpfers und Erlösers kaum noch in den Mund. Warum? Was war aus der geistigen Kraft geworden, die sie durch eine unbefriedigende Ehe, unverwirklichte Träume und den Schmerz ihrer eigenen Verluste hindurchgetragen hatte? Es schien, als hätte sie sie irgendwo verstaut und dann vergessen, wo.

Nein, schlimmer als das. Sie schien diese Kraftquelle nicht einmal finden zu wollen. Sie guckte missbilligend bei jeder religiösen Anspielung, als ob man ihr ein Foto von einem Fremden aufgedrängt hätte und nun von ihr verlangte, ihn zu identifizieren. Und das – dieses Vertrocknen ihrer spirituellen Wachheit und Empfindsamkeit – war etwas, was ich nur sehr schwer ertragen konnte. Liebte sie denn Gott nicht mehr?, fragte ich mich. Dass sie ihm nicht mehr vertraute, dessen war ich mir ziemlich sicher.

Einmal, in ihrem dritten Jahr in Fair Acres, schien sich ihr Zustand einige Tage lang rapide zu verschlechtern. Sie lag mit angezogenen Knien auf ihre rechte Seite gedreht. Sie öffnete kaum die Augen, als ich sie aufzurichten versuchte. Ich setzte mich neben sie ans Bett und nahm ihre Hand in meine.

„Ich habe an meine Brüder und Schwestern gedacht", sagte sie leise. „Du hast davon gehört, dass Betty uns abhandengekommen ist."

Ihre Schwester Betty war noch ein Säugling gewesen, als ihre Mutter gestorben war. Abhandengekommen schien wohl ein Codewort für „gestorben" zu sein.

„Nein, Mutter", warf ich ein, beharrte immer noch auf dem Wahrheitsgehalt. „Betty ist zu Hause in Conroe." Ich zähle ihre Geschwister dem Alter nach auf, lebende und tote, und versuche, sie dazu zu kriegen mitzumachen. Aber sie scheint nicht interessiert zu sein, als ob ich nicht verstehe, worum es eigentlich geht.

Sie bittet mich um Wasser, ist aber zu schwach, das Glas zu halten oder den Strohhalm an den Mund zu führen. „Geh nicht", sagt sie, als ich sie wieder auf ihr Kissen bette.

„Das mach ich nicht", sage ich. „Hast du Angst?"

„Nein." Aber einen Augenblick später fügt sie mit einer Stimme so klar wie Wasser und ohne jede Selbsttäuschung hinzu: „Nur nachts. Ich will nicht allein sein. Ich will jemanden bei mir haben." Sie sieht mich an und sagt noch einmal: „Lass mich nicht allein."

Ihre Augen fallen zu und ich denke schon, dass sie schläft,

aber nach ein paar Augenblicken sagt sie: „Wir hatten unsere Hände zusammengebunden, erinnerst du dich?“

„Wie Gefangene?“, frage ich. „Fühlst du dich wie eine Gefangene, Mutter?“

Sie schüttelt kurz ungeduldig den Kopf. „Wir sind den Weg zum Himmel hochgegangen. Unsere Hände …“

„Wir haben uns an den Händen gehalten“, helfe ich aus.

Das scheint sie zufriedenzustellen. „Ich hab deine Hand gehalten.“ Sie öffnet ihre Augen und sieht in meine. „Du hast es versprochen.“

Ich habe viele Nächte lang im Bett gelegen und mir in der einsamen Dunkelheit die Frage gestellt: Will ich tatsächlich, dass sie stirbt?

Ja und nein.

Ich versuchte mir vorzustellen, wie es passieren würde, entwarf ein paar Szenarien, von denen die meisten damit begannen, dass mitten in der Nacht das Telefon läutet.

Frau Owens?

Ja? Was ist denn? Ist es meine Mutter?

Ich fürchte ja.

Ich hatte sogar schon zweimal einen Anruf aus dem Pflegeheim erhalten, beide um etwa 7 Uhr morgens, die mir mitteilten, dass der Notarzt sie ins Krankenhaus eingewiesen hatte, beide Male wegen kleinerer Schlaganfälle. Also weiß ich, wie das Herz rast und jeder Gegenstand plötzlich scharfe, helle Konturen bekommt. Ich habe erlebt, wie das Denken auf einmal auf Hochbetrieb schaltet und mit solch außergewöhnlicher Effizienz arbeitet, dass es einem am Eingang zur Notaufnahme schummrig wird. Man trägt seine Abgeklärtheit wie einen Schild vor sich her, um mit der eigenen Panik nicht auch noch andere anzustecken, bevor die Krise abebbt.

Was den Zeitraum nach diesem Punkt anging, da ließ mich meine Vorstellungskraft im Stich. An einem unvorhersehbaren, aber doch recht bestimmten Tag in der Zukunft, wenn die allerletzte Krise kommt, würde es da noch Licht zum Sehen und Luft zum Atmen geben?

Ich saß immer an ihrem Bett, während sie schlief, beobachtete, wie ihre Brust sich hob und senkte, und betete, dass ich am Ende bei ihr sein würde, damit sie nicht solche Angst hatte. Damit ich am Ende wissen würde, ob ... was?

Manchmal traf es mich wie der Schlag: Wenn diese verrückte Frau ging, die da zusammengekrümmt im Krankenhausbett lag, dann würde ich meine echte Mutter zurückbekommen, oder wenigstens die Erinnerung an sie. Die echte Sie.

Gleichzeitig war ich nur kurz zuvor sehr wütend gewesen über einen Kommentar, den ein Student über seine gebrechliche Großmutter gemacht hatte. „Sie weiß nicht, wer ich bin“, sagte er abfällig. „Ich verbessere sie auch schon gar nicht mehr. Sie war 64 Jahre mit meinem Großvater verheiratet und sie kann sich nicht mal dran erinnern, dass er tot ist.“ Seine Stimme ist voller Abscheu. „Ich denke, wenn jemand aufhört, sich zu verändern, ist er schon tot.“

Ich hätte ihn schlagen können. Ich nahm an, dass er „entwickeln“ meinte, nicht „verändern“. Seinen Enkel nicht wiederzuerkennen, das ist eine Veränderung, nur eben keine positive. Aber zu sagen, dass die Frau tot ist? Das ist auch eine Art, sich nicht den Tatsachen zu stellen.

Große Teile meiner Mutter waren weggebrochen und fortgetrieben, wie Eisschollen von einem schmelzenden Eisberg. Ihre physische Präsenz, egal wie entstellt und erschreckend sie schien, war immer noch sie. Es war nicht irgendein Pizzakarton zum Wegwerfen.

Trotz allem tut es weh zu sehen, wie ein geliebter Mensch stirbt, vor allem, wenn es lange dauert. So wie sich der andere verändert, verändert man sich auch. Und ob das nun zum Guten oder Schlechten ist, wer kann das schon sagen? Langsam nistet sich der Gedanke tief in der Dunkelheit des Herzens ein:

Sie wird nie wieder gesund werden, nie wieder die Person sein, die sie mal war. Kann ich nichts tun, um zu helfen? Wäre es nicht gnädiger, diesem Leiden einfach ein Ende zu machen?

Aber wessen Leiden – ihres oder meins?

Wenn man teilhat am Leiden eines anderen, das habe ich gelernt, gibt es keine klare Trennung nach dem Motto: Hier ist ihres, hier ist meins. Je stärker man sich vom klebrigen Griff des Elends zu befreien versucht, desto stärker klebt es an einem.

Man kann natürlich verstehen, warum das verschwindende Bewusstsein seiner Großmutter den Studenten beleidigt. Für ihn, der jung ist und dessen Horizont sich immer mehr weitet, ist es nicht vorstellbar, dass Veränderung auch weniger bedeuten kann statt mehr. Es fällt ihm schwer, sich das Leben als eine sich verengende Sphäre vorzustellen; bisher hat er nur ein sich ausdehnendes Universum gekannt.

Zumindest hat er die Entschuldigung der Jugend. Aber der Rest von uns, die wir bereits spüren, dass auch unser Körper unaufhaltsam schwächer wird, kann sich nur zu gut vorstellen, wie es wäre, an der Stelle der schrumpfenden Person im Bett zu liegen. Mit 58 Jahren haben meine körperlichen Kräfte unbestreitbar angefangen abzubauen. Die Fähigkeit, ein Kind zu empfangen, meine Sehkraft zurückzubekommen, Bach zu spielen – alles weg.

Heute habe ich eine Notiz gefunden, die ich vor zwei Jahren mitten in der Nacht auf ein Stück Papier gekritzelt und dann später in mein Tagebuch gesteckt hatte. „Mutters Ängste sind nicht anders als meine eigenen“, hieß es da, „außer in ihrem Ausmaß. Wir haben beide Angst vor dem Dunkeln.“

Ich hatte genug Erfahrung darin gesammelt, mich aus der klebrigen Umarmung des Unglücks zu befreien, um zu wissen, dass der Schmerz nicht von der Person zu trennen ist. Um mich von dem einen zu befreien, würde ich auch das andere loswerden müssen.

Wie schwer es war, den Schmerz zwischen uns aufzuteilen,

wurde mir nur allzu bewusst an dem Tag, als ich ihre Papiere für das Pflegeheim unterschrieb. Ein Jahr zuvor, ausgelöst durch die bevorstehende Herzoperation meines Vaters, hatten meine Eltern beide eine Patientenverfügung unterschrieben. Dieses Dokument enthielt die Anweisung, dass in Fällen, in den lebenserhaltende Maßnahmen nur dazu dienten, den Tod hinauszuzögern, diese Maßnahmen nicht angewendet oder beendet würden und damit gewährleistet war, dass sie „auf natürlichem Wege sterben" konnten.

Ein zweites Dokument, die „Dauerhafte Vorsorgevollmacht", sollte mich als Person ermächtigen, jegliche Art von gesundheitlichen Entscheidungen für meine Eltern zu treffen. Ich hatte sie an einem sonnigen Februarnachmittag zu ihrer Kirche gefahren, damit die Geschäftsführerin das Dokument als Zeugin beglaubigen konnte. Danach fuhr ich sie zurück zu ihrer Bank, wo wir die Originale in ihren Safe einschlossen.

Die Pflegeheimversion einer Patientenverfügung war jedoch sehr viel detaillierter als das ursprüngliche Dokument, das von der Gemeindeschwester unterzeichnet worden war.

Am Tag, als ich es unterschrieb, saß ich im Konferenzraum des Pflegeheims am Tisch. Die Überweisung meiner Mutter von der Reha-Klinik ins Pflegeheim zu koordinieren, war schwieriger gewesen, als ich erwartet hatte. Es war erst halb zehn Uhr morgens, aber ich war jetzt schon kaputt.

Ich hatte schon Taschen mit ihrer Kleidung sowie Schachteln mit ihren Toilettenartikel gepackt, Steckbecken und Waschschüsseln, Fersenkissen, Rollstuhlausrüstung, Blumenvasen und Topfpflanzen zusammengesammelt.

Zusätzlich war das Prozedere, um meine Mutter von einer Einrichtung zur anderen zu überweisen, so verworren wie diplomatische Verhandlungen auf höchster Ebene. Beide Institutionen weisen ganz ausdrücklich darauf hin, wo ihre gesetzliche Verantwortung beginnt und aufhört. Während all dieser

Prozeduren musste ich meiner Mutter immer wieder so sanft wie möglich beibringen, dass sie an einen Ort gebracht würde, dessen Name in jedem Herzen sofort Panik auslöst – ein Altenpflegeheim. Zur selben Zeit versuchte ich, das angeschlagene und aufgebrachte Herz meines Vaters davor zu bewahren, sich mit ihm auf und davon zu machen.

Er und ich haben schon viele Papiere an dem langen Konferenztisch unterschrieben. Der Tisch ist dunkel und glänzend poliert. Auf der einen Seite sitzen mein Vater und ich, auf der anderen die Personalsekretärin und eine stämmige dunkelhäutige Frau, die in ihrem weißen Laborkittel Respekt einflößend wirkt und auf deren Namensschild – ganz unpassend – Daisy Blossom steht. Ich bin nicht sicher, welche Position sie hier im Pflegeheim genau hat. Sie scherzt darüber, dass sie während ihrer 10-jährigen Anstellung schon so ziemlich jeden Job gemacht hat.

Sie schaut uns über ihre Halbbrille hinweg an, während sie uns Seite um Seite offizielle Hinweise und Formulare zum Unterschreiben hinschiebt. Natürlich ist keine Zeit, um sie wirklich durchzulesen. Daisys tiefe Stimme klingt gleichzeitig lustig, beruhigend und bestimmt. Eine neue Sekretärin wird eingearbeitet, um Unterlagen zu verwalten; ab und an kommt sie ins Zimmer geschlichen, um Daisy ein paar nervöse Fragen zu stellen, aber Daisy ist nicht aus der Ruhe zu bringen.

Mein Vater ist oft den Tränen nahe.

Schließlich gibt uns Daisy ein Dokument mit mehreren Seiten und erklärt, dass wir ankreuzen müssen, welche der „lebenserhaltenden Maßnahmen“ wir nicht angewandt haben wollen. Mein Vater sackt merklich zusammen unter der Anstrengung, das alles zu hören, zu verstehen und zu entscheiden. Ich bin sicher, dass dieses Formular ihm den Rest geben wird, und nehme es von Daisy entgegen und überfliege es.

Oben auf der Liste mit lebenserhaltenden Maßnahmen stehen diejenigen, die man erwarten würde, bei denen es um die elektronischen Geräte mit piependen Monitoren geht, die man aus dem Kino kennt. Maschinen, die das Herz künstlich am Schlagen und die Lungen künstlich am Atmen halten. Instinktiv kreuze ich sie an. Dann werden die Entscheidungen schon schwerer. Ernährungsschläuche für den Fall, dass der Patient nicht in der Lage ist, selbst zu schlucken. Geräte zur künstlichen Beatmung.

Bezieht sich das auch auf Sauerstoffmasken? Sicher nicht. Man sieht ja sogar im Supermarkt Leute, die ihren mobilen Sauerstoffvorrat hinter sich herziehen. Nach kurzem Zögern kreuze ich sie an. Aber da hören die einfachen Wahlmöglichkeiten auch schon auf. „Lebenserhaltende Medikamente." Chemotherapie. Antibiotika, intravenöse Tropfen. Bluttransfusionen, Luftröhrenschnitt, Intubation. Auf einmal weiß ich nicht mehr, was ich tun soll. Was sie wollen würde.

Bis zu diesem Moment hatten die Gedanken über meinen eigenen Tod ungefähr so ausgesehen: Okay, eines Tages wird man also sterben. Und selbst wenn man die möglichen Heilmittel für den Großteil unserer Krankheiten wahrnimmt, gibt es eben Krankheiten, die entweder unheilbar sind oder deren Behandlung irgendwann schlimmer zu ertragen ist als die Alternative. Man hat das Recht, vielleicht sogar die Pflicht, das Unvermeidliche zu akzeptieren und eine weitere Behandlung abzulehnen. An diesem Punkt kann man dann genauso gut mit der Würde aus dem Leben scheiden, die einem noch geblieben ist.

Das bedeutet nicht aktiver Selbstmord. Nur die Option zu sagen: „Nein danke, ich habe genug. Versuchen Sie nicht, mir noch weiter zu helfen."

Meine Mutter hat gesehen, wie sowohl eine jüngere Schwester als auch ihre engste Freundin nach einer quälenden Chemotherapie an Krebs gestorben sind. Sie wollte das nicht, hatte sie mir gesagt. Warum sollte man sich noch an ein paar mehr verzweifelte, erschöpfende Monate klammern?

Als ich noch ein Kind war und bevor es die Technologie

möglich machte, schwer verletzte und unheilbar kranke Leute am Leben zu halten, war meine 88-jährige Urgroßmutter, blind und zerbrechlich, bei uns zu Hause gestorben. Irgendwann weigerte sie sich einfach zu essen und versteckte das Essen, das ihre Tochter ihr aufzudrängen versuchte, unter der Matratze.

Mit 91 Jahren brach der Vater meiner Mutter sich die Hüfte und weigerte sich nach der erfolgreichen Operation einfach, wieder aufzustehen. Als er das Krankenhaus verließ, brachte meine Mutter ihn zu sich nach Hause zum Sterben, ein Kunststück, das er in weniger als zwei Wochen vollbrachte. Im Lichte der in ihrer Familie angelegten Sturheit, was das Ende des Lebens anging, hatte ich erwartet, dass sie, wie sie selbst anfangs angekündigt hatte, einfach irgendwann auf stur schalten und sich entscheiden würde zu sterben. Aber ich hatte nicht mit der Demenz gerechnet.

Die Wahrheit ist, dass sie nicht mal mehr in der Lage ist, die Liste, auf die ich im Konferenzraum starre, zu lesen oder zu verstehen. Ich schließe meine Augen und sehe sie zwei Sommer zuvor neben mir auf der Veranda sitzen, wie sie mit zusammengekniffenen Augen die hohen Eichenwipfel nach der Drossel absucht, die wir singen hören, aber nicht sehen. „Ich bete einfach nur, dass ich nicht den Verstand verliere", sagt sie. „Ich glaube, ich könnte alles ertragen, nur das nicht."

Und genau der Zustand, vor dem sie sich am meisten gefürchtet hatte, hatte nun in einem letzten ironischen Streich ihre berühmte familientypische Willenskraft besiegt. Die Person, die sie an dem Abend war, an dem wir nach der Drossel Ausschau hielten, hätte das Leben der Person nicht gewollt, die sie an dem Tag war, als ich sie in das Pflegeheim einwies. Aber die Person, die sie an diesem Morgen war, konnte nicht die Entscheidung treffen, die die frühere Person ohne Zweifel vorgezogen hätte. Sie hatte Angst und konnte nicht mehr länger gegen diese Angst ankämpfen.

Noch konnte ich das für sie tun.

Ich konnte mich nicht dazu bringen, mehr als die obersten Optionen auf der Liste anzukreuzen, trotz allem, was meine Mutter bei klarem Verstand gewollt hätte. Stattdessen hielt ich mich an das, mit dem mein Vater vernünftigerweise einverstanden gewesen wäre. Wir waren noch nicht so am Ende, dass ich es nicht gewagt hätte, ihm die Liste der Optionen vorzulesen.

Mir ist natürlich klar, dass die Frage danach, wann und wie das Leben enden soll, keine einfache Antwort kennt. Sie hat sehr wahrscheinlich sogar viele Antworten. So wie die Frage nach dem Sinn des Lebens. Jeder muss seinen eigenen Sinn im Leben finden. Und wir wissen nicht, wie er aussieht, bis es zu Ende ist, vollbracht. Manchmal nicht mal dann. Aber etwas, das ich sehr genau wusste, war: Die Antwort auf die Frage nach dem Ende meiner Mutter lag nicht bei mir.

Manchmal hatte sie, was Cousine Margaret als „Anfälle" bezeichnete. Sie kamen meistens zwischen Mittag und 14 Uhr. Ein paar Mal fand ich sie, wenn ich kam, wie sie sich an ihren Bettstangen festklammerte und schnell und flach atmete. Ihr Kinn zitterte und sie schien an ihrer eigenen Zunge zu saugen.

Ich setze mich in den Rollstuhl neben ihrem Bett und nehme ihre Hand. „Mutter? Bist du okay?"

Sie schnappt kurz nach Luft und stößt hervor: „Nein."

„Soll ich die Schwester rufen?"

Sie schüttelt den Kopf, krallt sich an meiner Hand fest. An ihrer weichen Handfläche kann ich ihren Puls fühlen, der unregelmäßig flattert wie ein Vogel, den man in der Hand hält. Ich streichele sanft ihren Unterarm, rhythmisch. Langsam, ganz langsam fängt sie an, sich zu entspannen.

Als ihre Panik abgeebbt ist, frage ich sie: „Hattest du Angst?"

Sie nickt und schließt die Augen.

„Hattest du Angst, dass du sterben würdest?" Dieses Mal

habe ich die Frage nicht vorbereitet, sie kommt einfach so. Ich wünsche mir so sehr, dass sie Nein sagt.

Aber sie nickt noch einmal. Ich streichele weiter ihren Arm.

Nach einem Moment öffnet sie die Augen und starrt mich von unten an wie vom Grund eines tiefen Lochs. „Ich will nicht von dir fortgehen", sagt sie.

Ich küsse ihre Stirn, sprachlos von dieser nackten Bezeugung ihrer Liebe und Not. Vor ein paar Monaten hätte ich ihr noch wie einer Dreijährigen gesagt, dass sie keine Angst haben müsse, allein zu sein, Gott sei ja da. Ich habe einige Male versucht, den Schalter zu finden, der ihren unwandelbaren Glauben wieder anschaltet, der ihr – zusammen mit ihrer Willenskraft natürlich – immer geholfen hatte, die schweren Zeiten in ihrem Leben durchzustehen. Der Glaube, den sie ihr Leben lang auch in mich hineinzupflanzen versucht hat. Ich hatte den Schalter nicht gefunden und ich hatte es auch mehr oder weniger aufgegeben, danach zu suchen.

Ich ließ meine Hände immer wieder über die Haut fahren, die knittrig wie Ölpapier über ihrer langen Elle und Speiche liegt, und wurde verlegen bei dem Gedanken, dass sie mich mehr liebt als Gott.

Aber am Tag, als ich die Unterlagen unterschrieb, die den Arzt davon abhalten würden, Plastikschläuche in den Bauch meiner Mutter zu stecken, kam mir der Gedanke, dass vielleicht noch eine letzte Ironie unter der Oberfläche unserer Situation verborgen lag. Sie war eine gebrochene Person, ja. Ihre scheinbar unbesiegbare Selbstkontrolle war in der chemischen Lösung ihres Gehirns aufgelöst worden. Ihr ganzes schwieriges Leben hindurch hatte sie sich auf ihre Entschlossenheit verlassen, um die rauen Zeiten zu überstehen. Und dann war dieser Teil von ihr – ja, was? „Entfernt worden" hört sich nach einem zu sauberen Prozess an. In jedem Fall war er nicht mehr da.

Und wer weiß? Vielleicht hatte ja gerade ihr eiserner Wille eine Barriere zwischen ihr und Gott aufgebaut. Und wenn er wegfiel, wenn die schwierigen Entscheidungen zu schwierig waren und es schwer war, die Fakten auszumachen, geschweige denn sich ihnen zu stellen – vielleicht würde sie dann einfach widerstandslos Jesus direkt in die Arme sinken.

15
Das letzte Kapitel

Nach ungefähr fünf Jahren in Fair Acres schaltete der Körper meiner Mutter allmählich Organ für Organ ab. Sie starb am 1. Weihnachtsfeiertag. Es war zugleich mein 44. Hochzeitstag. Ich habe nicht vor, ihren Tod an dieser Stelle mit meinen Worten darzustellen. Ich weiß, dass sie es vorgezogen hätte, einen Vorhang vor diese letzte Szene zu ziehen. Und mein Anliegen war schließlich nicht, über das Ende zu schreiben, sondern über die letzte Etappe bis dorthin.

Dass wir das Ende nicht kennen, das ist genau der entscheidende Punkt des menschlichen Todes. Im Gegensatz zum Rest des Tierreichs wissen wir, dass der Tod kommen wird. Und heutzutage auch eine Menge darüber, was ihn verursacht. Aber den genauen Zeitpunkt und Tag vorherzubestimmen, das ist uns nicht möglich. Heute plant man, wann man Eltern wird, in Rente geht und sogar das eigene Begräbnis, aber die Einzelheiten unseres Todes bleiben, außer beim Selbstmord, unserer Kontrolle entzogen. Wenn ich die Geschichte des langen Abschieds meiner Mutter zu Ende erzählen, sie angemessen abrunden würde, es würde zu sehr von dieser wesentlichen Ungewissheit ablenken.

In seinem Buch *Kaddisch*, das ein Jahr nach dem Tod seines Vaters erschien, weist Leon Wieseltier auf unsere derzeitige Obsession hin, die Dinge „zum Abschluss zu bringen“.[2] „Was für eine irrsinnige Auffassung von emotionaler Effizienz“, schreibt er. „Amerikaner glauben wirklich, dass die Vergangenheit vergangen ist." Aber die Vergangenheit vergeht niemals ganz, erinnert er uns; wenn überhaupt, dann verlagert sie ihren Ort „nach innen".

Wenn ich im Fernsehen Interviews mit Menschen nach großen Katastrophen sehe, sagen sie oft, dass sie jetzt einfach „ihr normales Leben weiterführen" wollen. Dieser Satz ist eins unserer modernen Mantras geworden. Was sie wohl damit meinen, frage ich mich. Was denken sie wohl? Dass das Leben uns als Serie überschaubarerer Bastelarbeiten begegnet? Hier, das hier ist fertig, sagen wir stolz, während wir Schere und Kleber weglegen – oder den Leichnam des geliebten Menschen. Es ist Zeit, sich dem nächsten Projekt zu widmen.

Aber das Leben ist nun mal nicht wie Kunst. Bilder haben Rahmen, das Stück endet mit dem letzten Vorhang, aber das Leben, so sagt man, geht weiter. Und nicht in getrennten Episoden-Blöcken, sondern als eine einzige, kontinuierliche Welle.

Ich habe nicht über den Tod geschrieben, der gewiss ist, sondern über das Sterben, das ein offener, banger Ort ist, wo wir unser Lager aufschlagen und nicht sicher sind, wie lange wir dort bleiben werden. Sterben zu lernen – oder für jemanden zu sorgen, der stirbt – bedeutet damit leben zu lernen, nicht zu wissen, was man tun soll oder wann man es tun soll. Nicht zu wissen, wie viel länger, oder sogar ob man es überhaupt aushalten kann. Ich lebe jetzt anders in der Zeit als früher und lasse mich eher treiben, als gegen den Strom zu schwimmen.

Der Hirnforscher Antonio Damasio hat die Beziehung zwischen Leiden und dem Bewusstsein erforscht, ein Mysterium, das jeden umtreibt, der einen Menschen mit einer neurologischen Erkrankung geliebt hat. Damasio hat untersucht, was in unserem Gehirn vor sich geht, wenn wir fröhlich, traurig, wütend oder ängstlich sind.[3] Er fand heraus: Nur ein Lebewesen mit Bewusstsein kann emotionalen Schmerz „fühlen". Um zu leiden, anstatt lediglich Schmerz zu verspüren, muss man in der

Lage sein, sich an bestimmte Reaktionsmuster auf vergangene Erlebnisse zu erinnern, um diese Muster dann innerlich wieder wachzurufen. Mit anderen Worten, sie sich vorzustellen. Diese innere Vorstellung löst dann eine Reihe chemischer und neuraler Muster aus, die mit diesen früheren Erlebnissen verbunden sind – Sorge, Vorfreude, Abscheu, Sehnsucht. Jede Art von Gefühlen hat Zugang zu einer eigenen spezifischen Region des Gehirns, damit diese Vorstellung überhaupt stattfinden kann.

Damasios Untersuchungen von Menschen mit bestimmten Hirnschäden bestätigten seine Annahme, dass man ein Bewusstsein braucht, um Emotionen zu fühlen. Eine Patientin, eine Frau mit akinetischem Mutismus aufgrund eines Schlaganfalls, war so ein Beispiel für die Verbindung zwischen Bewusstsein und Gefühlen. Sie hatte mehrere Monate in einer Art Halbkoma gelegen, wach zwar, aber unempfänglich für Reize wie grelles Licht, laute Geräusche und Ansprache durch nahe Verwandte. Allmählich erwachte sie aber aus diesem Zustand. Zunächst verfolgte sie wandernde Gegenstände mit den Augen; dann reagierte sie auf Stimmen und Gesichter und schließlich antwortete sie auf Fragen. Nachdem sie ihre Fähigkeiten wieder erlangt hatte, berichtete sie, dass sie die ganze Zeit über keinerlei Gefühle empfunden hatte. Sie hatte auch nicht das Gefühl gehabt, sich in ihr Schicksal ergeben zu müssen, da sie keinerlei Bedürfnisse oder Mangel empfand. Und sie empfand auch kein Gefühl des Leidens durch ihren Verlust.

So, sagt Damasio, leben auch Menschen mit fortgeschrittenem Alzheimer-Syndrom in der Welt. Da ihre Aufmerksamkeit, ihr Bewusstsein für die Welt sich verringert, wird ihr ausdrucksloses Starren zum Sinnbild ihres inneren Zustandes. Das ist zumindest das, was sich Damasio für einen Freund erhofft, der im letzten Sumpf seiner Alzheimer-Erkrankung versunken ist, dieser Krankheit, die vielleicht bald die Pest des 21. Jahrhunderts wird – der lebendige Schwarze Tod.

Als meine Mutter diesen Punkt ihres Abstiegs erreichte, war

meine einzige Hoffnung die, dass die Annahme, sie leide nicht mehr darunter, tatsächlich stimmt. Wenn ihr Gehirn Stück für Stück die Produktion von notwendigen Elektrochemikalien einstellte und von zerstörten Blutzufahrtswegen beeinträchtigt war, dann würde auch ihr Bewusstsein langsam schwanken und zum Erliegen kommen. Dann, so hieß es, würde auch das Leiden an ihrem Zustand aufhören.

Natürlich handelt es sich bei allen Beweisen, die wir haben, um die Berichte von Leuten, die es geschafft haben, sich von jenem finsteren Ufer zurückzukämpfen und wieder zu Bewusstsein kommen. Und für uns andere stellt sich noch immer die Frage: Wie sollen wir eine Beziehung zu einem geliebten Menschen unterhalten, der so weit fortgegangen ist?

Leon Wieseltier, eigentlich kein strenggläubiger Jude, entschied sich trotzdem dazu, ein Kaddisch – das traditionelle Gebet zum Totengedenken – zu sprechen, als sein Vater starb. Das war ein ziemliches Unterfangen, weil es verlangte, ein ganzes Jahr lang jeden Tag am Gottesdienst in der Synagoge teilzunehmen, wo das Kaddisch den Lesungen aus der Heiligen Schrift und anderen Gebeten folgt. Er wünschte sich oft, dass er nicht mehr früh aufstehen und im frühmorgendlichen Grau zum Gottesdienst trotten müsste. Aber eines Tages, als das Jahr mit dieser Verpflichtung sich dem Ende neigte, war Wieseltier geschockt, als er entdeckte, dass er sich bei den vorgegebenen Tagen verrechnet hatte. Sein Dienst würde bereits am folgenden Tag enden. Plötzlich wurde nichts mehr von ihm verlangt. Aber statt Erleichterung zu verspüren, war er sich nicht sicher, ob er schon bereit war, aus seiner Verpflichtung entlassen zu werden.

Manchmal verlangte es mich auch danach, aus meiner scheinbar nicht enden wollenden Wache entlassen zu werden. Wenn ich wenigstens wüsste, wann ich mit dem Ende rechnen kann, dachte ich. Aber diese Hoffnung war eine Illusion. Wäre das Ende am nächsten Tag gekommen, ich hätte mich nicht erlöst gefühlt von dem entsetzlich langsamen, schmerzhaften Lösen unserer Beziehung. Ich würde weiter umhertreiben; ich wäre nicht nur des zerfledderten Selbsts meiner Mutter beraubt gewesen, das damals kaum mehr als eine Erinnerung war, sondern auch der regelmäßigen Abfolge meiner Tage. In gewisser Hinsicht hatte ich meine Mutter schon lange vor ihrem Tod verloren. Ich verlöre mit ihrem Tod auch das, was meinem Leben in den letzten fünf Jahren einen Sinn gegeben hatte.

Nach seinem mehr oder weniger einsamen Aufenthalt in Walden Pond schrieb Henry David Thoreau nieder, was ihn zu diesem Unterfangen bewogen hatte. „Ich zog in die Wälder, weil ich den Wunsch hatte, bewusst zu leben“, sagt er, „dem eigentlichen, wirklichen Leben näherzukommen, zu sehen, ob ich nicht lernen konnte, was es zu lehren hätte, damit ich nicht, wenn es zum Sterben ginge, einsehen müsste, dass ich nicht gelebt hatte.“

Man kann in der Tat viel lernen von dieser Welt, die wir „Natur“ nennen. Sie summt wie eine überlebensgroße Stimmgabel, und bleibt dabei ihrem inneren Charakter treu. Thoreau sehnte sich danach, „tief [zu] leben, alles Mark des Lebens aus[zu]saugen“. Und er wollte „so hart und spartanisch leben, dass alles, was nicht Leben war, in die Flucht geschlagen und das Leben auf seine grundsätzlichsten Faktoren reduziert würde“. Die Zielstrebigkeit der Natur faszinierte Thoreau; Wälder und Teich und Himmel – alle taten ganz genau das, was sie tun sollten.

Im Gegensatz dazu verursachte ihm die unnatürliche Welt menschlicher Gesellschaft, diese Welt voller ungeordneter Komplikationen, Widersprüche und verschwendeter Energie, misantropische Anfälle. Er lernte viel in der Einsamkeit in Walden und wir sind ihm zu Dank verpflichtet, dass er uns diese Erkenntnisse weitergegeben hat, auch wenn wir ihnen natürlich eher dadurch Tribut zollen, dass wir sie missachten, als dass wir uns daran halten.

Heute führt eine vierspurige Autobahn an Walden Pond vorbei. Der Wald um das frühere Haus meiner Eltern wird Stück für Stück abgeholzt, um Weideland zu gewinnen. Wenn man heute in Amerika in den Wald fährt, um das eigentliche Leben aufzuspüren, dann sollte man sich wohl lieber auf die Gesellschaft von Motorrädern und Golfern einstellen.

Wenn man aber, wie Thoreau, daran interessiert ist, sich den wesentlichen Fakten des Lebens zu stellen, dann geht man besser in ein Pflegeheim als in den Wald. Aber seien Sie gewarnt: Vielleicht sind Sie es dann, der in die Flucht geschlagen wird.

Meine Mutter ist mein Walden Pond gewesen. Thoreau hat zwei Jahre seines Lebens in dieses Leben in den Wäldern investiert. Ich habe fünf mit meiner Mutter verbracht. Seinem Beispiel folgend will ich versuchen, auf diesen letzten Seiten niederzuschreiben, was ich auf meinem Posten gelernt habe. Thoreau sagte etwas unbeschwert, er habe den Wald verlassen, weil er noch mehrere andere Leben zu leben hätte und keine Zeit mehr für dieses aufbringen konnte. Er war noch ein junger Mann, knapp 30, als er Walden verließ, und er hatte keine Ahnung, wie wenig Zeit er für die anderen Leben haben würde. In seinem Alter habe ich ebenso empfunden.

Habe ich diesen Abstieg in die Hölle mit meiner Mutter genossen?

Nein.

Bin ich froh, dass ich es getan habe?

Absolut.

Und mehr noch. Ich bin dankbar.

Ich fühle mich, als wäre ich in einem dieser Outdoor-Abenteuer-Camps in den Rocky Mountains gewesen, wo man abgehärtet wird, um dann nur mit Stiefeln und Sonnencreme ausgerüstet steile Felsenhänge hochzuklettern.

Als ich während dieser letzten Tage am Bett meiner Mutter ausharrte, machte ich mir kaum Sorgen um den letzten Bestimmungsort ihrer physischen Atome oder ihren zukünftigen Status als Synapse in der Gedankenwelt Gottes. Stattdessen fragte ich mich: Wer ist sie jetzt? Wo ist sie jetzt? Das „sie“, das so vollkommen aus meiner Wahrnehmung verschwunden war. Ich kannte die Antworten auf diese Fragen auch nicht, aber solange sie noch einen Körper hatte, auch wenn es möglicherweise keinen bewussten Geist mehr gab, hatte dieser Körper mir meine Aufgabe gezeigt und mir deutlich gemacht, was die Liebe verlangt.

Wenn Sie sich gerade an diesem frühen Zeitpunkt befinden, an dem ich vor fünf Jahren war, und überwältigt sind von der bevorstehenden Aufgabe, haben Sie vielleicht das Gefühl, dass die Welt kopfsteht und ausgeschüttelt wurde. Die Schwerkraft scheint nicht mehr verlässlich zu sein und Sie haben das Gefühl, jeden Moment von der Erde zu fallen. Versuchen Sie sich in diesen Momenten daran zu erinnern, auch wenn Sie sich gerade nur noch am Teppich festklammern, dass Sie tatsächlich dabei sind, sich dem Leben zu stellen. Und das ist an sich schon ein unglaublich mutiger Akt.

Da ich mich an meine eigene Verzweiflung bei dem Versuch, meinen Eltern in diesen Jahren zu helfen, erinnern kann, fühle ich mich verpflichtet, an diesem Punkt ein paar Brocken zusammenzulesen, die ein wenig praktischer sind und vielleicht ein paar unmittelbare Fragen beantworten:

1. Selbst der gewissenhafteste und eigenständigste Mensch kann krank oder schwach und von seinem Kind abhängig werden. Je unabhängiger der Elternteil war, desto schwerer ist es für die Familie und Freunde, dieses untypische Angewiesensein anzuerkennen.
2. Das Bedürfnis des Elternteils nach Hilfe kann sich allmählich entwickeln oder über Nacht entstehen. Je schrittweiser der Abstieg ist, desto einfacher ist es, ihn zu ignorieren oder zu verleugnen. Wenn man sich bestimmte Vergleichspunkte setzt, um Fähigkeiten festzustellen, zum Beispiel die Kontoabrechnung oder die Einnahme von

Medikamenten, kann das dem unerfahrenen Pflegenden helfen, den Grad an Hilfsbedürftigkeit des Elternteils mit einigem Realismus abzuschätzen.

3. Die Eltern können unter Umständen ihre neue Bedürftigkeit nicht erkennen, sie ignorieren oder verleugnen. Wenn sie sich dessen bewusst sind, ist es ihnen vielleicht peinlich und sie fühlen sich durch die Situation sogar gedemütigt.
4. Wenn die Eltern erst einmal anfangen, Hilfe in Anspruch zu nehmen, werden sie auch erwarten, dass die Hilfe genauso natürlich weiterläuft, wie sie erwarten, Sauerstoff zu atmen. Und sie werden sich dieser Hilfe normalerweise genauso wenig bewusst sein, wie der Luft, die sie atmen.
5. Der hilfsbedürftige Angehörige wird oft das Gefühl haben, dass ihr oder ihm die Freiheit genommen wird, und mit ziemlicher Sicherheit manchmal wütend auf das Kind sein.
6. Dieses Kind (wem mache ich etwas vor? – das sind Sie) wird wütend auf den Angehörigen werden, weil er nicht mehr unabhängig und unverwundbar ist, wie Väter und Mütter normalerweise zu sein haben. Und dann, weil er nicht genügend Dankbarkeit für die Fürsorge zeigt, die Sie aufbringen.
7. Die Eltern werden von irgendwelchen Krankheiten oder Schwierigkeiten, die Sie selbst haben mögen, nichts hören oder wissen wollen, so wie ein kleines Kind die eigenen Eltern nicht verletzlich sehen will.
8. Selbst die Menschen, die Sie am meisten lieben, können Sie nicht in ihre Dunkelheit begleiten. Und das sollten Sie auch nicht. Wenn Sie es zulassen, dass die Angst Ihres Angehörigen auch Sie verschlingt, mindert das nur Ihre Fähigkeit, ihnen zu helfen.
9. Freunde und Familienangehörige werden vielleicht ihre tatkräftige Unterstützung anbieten, aber sie können nicht Ihren Schmerz für Sie tragen. Nicht Ihre Freunde, nicht Ihre

Kinder, nicht einmal Ihr Ehepartner. Das zu erwarten, ist sowohl unrealistisch als auch unfair.

10. Wenn man Ihnen in Ihrem Schmerz Hilfe, Trost oder Gesellschaft anbietet, nehmen Sie es dankbar an. Aber vergessen Sie nicht, dass Ihre Freunde ihr eigenes Leben leben, und Sie das Ihre ebenfalls. Und so sollte es auch sein.
11. Der Einzige, auf den Sie sich immer verlassen können, der Ihnen immer zuhört und Sie versteht, ist Gott.
12. Und manchmal werden Sie auch auf Gott zornig sein.
13. Sie werden mit den Wellenbewegungen Ihrer Gefühle zu kämpfen haben. Vor allem mit dem Dauerkonflikt zwischen Wut und Schuld. Viele werden Ihnen raten, sich nicht mit Schuldgefühlen herumzuplagen. Ich bin mir nicht sicher, ob sie recht haben. Diese Anspannung scheint zu einer solchen Situation zu gehören. Die Wahrheit ist, die widerstreitenden Gefühle in Ihnen werden an Ihnen nagen wie ein Hund an seinem Knochen, egal was ich oder jemand anderes Ihnen sagt.
14. Ich habe das Gefühl, dass Sie wahrscheinlich besser damit bedient sind, Ihre Wut und Ihren Zorn bei Gott abzuladen, statt bei Ihren alternden Eltern. Er ist das gewöhnt; er kann damit umgehen. Also schreien Sie ihn an, nicht sie.
15. Dass man jemanden hat, dem man seinen Zorn entgegenschleudern (oder anvertrauen kann), das ist nur einer der Vorzüge, wenn man in einer solchen Zeit mit Gott rechnen kann. Um ehrlich zu sein: Ich verstehe nicht, wie Menschen solche Erfahrungen bewältigen, wenn sie nicht wissen, dass es irgendwo eine tragende Gnade gibt, die sie erhält.

    Ohne Zweifel gibt es Stoiker – ich habe selbst einige kennengelernt –, die das schaffen. Ich verstehe aber einfach nicht, wie sie es schaffen, morgens aufzustehen. Es muss auslaugend sein, jeden Morgen die eigene Kraft oder den gesunden Menschenverstand aus dem Nichts zu gewinnen, oder vielleicht aus der schieren Verzweiflung und eiserner

Entschlossenheit. Es macht es unmöglich, auch den Rest des Lebens in sich aufzunehmen. Es wird schwerer, sich daran zu erinnern, warum oder wie man die Person geliebt hat, für die man gerade sorgt, oder warum ihr zerfallender Körper trotzdem Würde hat. Die Erfordernisse der Situation beanspruchen die ganze Energie. Aber die Person im Bett oder im Rollstuhl braucht mehr als alles andere das Gefühl, nicht allein zu sein, dass Sie bei ihr sind und sie immer noch lieben. Und Sie brauchen es genauso zu wissen, dass jemand, selbst wenn er unsichtbar ist, sieht, was Sie leisten, und bei Ihnen bleibt. Sicher, man kann da auch alleine durch, wenn man will. Aber ich verstehe nicht ganz, warum man es wollen sollte.

16. Und zum Schluss gebe ich noch den besten Ratschlag, den ich während dieser Zeit bekommen habe: Machen Sie es nicht schlimmer, als es sein muss. Passen Sie auf, dass Sie nicht anfangen, Ihren Schmerz zu genießen. Wenn Sie einen guten Tag haben, erzählen Sie es allen. Konzentrieren Sie sich darauf, auf alle Geschenke zu achten, egal wie klein sie sein und woher sie in Ihren Schoß fallen mögen: von einem unerwarteten Parkplatz bis hin zu der Möglichkeit, im Ferienhaus eines Freundes auszuspannen. Lassen Sie die flüchtigen Momente der Freude nicht ungepriesen vorbeiziehen. Und wenn es keine Freude gibt, dann seien Sie dankbar für die harte Wahrheit des Schmerzes, die Sie wissen lässt, dass Sie dem eigentlichen, wirklichen Leben nähertreten.

Die Jahre der Sorge für meine Mutter haben, wie man sich vielleicht vorstellen kann, zweierlei verändert: die Wahrnehmung meines eigenen alternden Körpers und auch die Tatsche, dass sich auch mein Leben einem Ende zuneigt. Ich akzeptiere meine Schmerzen und Mühen heute mit etwas mehr Nachsicht, weil ich weiß, wie schwer mein Körper gearbeitet hat, um seinen Job zu tun, seinen Teil der Abmachung einzuhalten. Ich verstehe jetzt: Egal, wie gut ich mich um ihn kümmere, irgendwann wird er trotzdem zusammenbrechen, erst an einer Stelle, dann an einer anderen. Ich bin aber nicht mehr ungeduldig mit ihm, wenn er es tut, oder so übereifrig wie früher, seine Schäden abzuwehren. Gelenke, Lymphknoten, Netzhäute, ich bin dankbar, dass sie mich so weit gebracht haben, meine Säfte gefiltert, mich mit Licht erfüllt haben.

Die Antworten auf die Frage, wie ich den Rest meines Lebens verbringen will, kommen jetzt von einem anderen Ort, als sie noch vor fünf Jahren gekommen wären. Errungenschaften, die so wichtig gewesen sind, scheinen jetzt nur Umstände zu bereiten. Ich rege mich über viel weniger Dinge auf. Vielleicht kommen meine Antworten jetzt einfach aus meinem Stoffwechsel. Mir soll's recht sein. Ich habe mittlerweile eine Menge Respekt für den Stoffwechsel.

Gleichzeitig habe ich jetzt so viel mehr Nachsicht mit jungen Leuten, die so verzweifelt versuchen, eine Karriere, eine Familie, ihre Muskeln aufzubauen. Sie sind wunderbar in ihrer Intensität. Wenn ich sie ansehe, kann ich wieder fühlen, wie es ist, das Leben vor sich ausgebreitet zu sehen wie ein Festmahl. Aber weil ich diesen Hunger gestillt habe, leere ich meinen Teller für einen neuen, noch unbekannten Genuss.

Immer wenn mir bewusst wird, dass ich nicht mehr lange genug da sein werde, um zum Beispiel den Frieden im Nahen Osten oder den ersten Flug zum Mars mitzuerleben, dann empfinde ich das nicht als verstörende oder ängstigende Vorstellung. Diese Szenen werden anderen Schauspielern gehören und ich überlasse sie ihnen gerne.

Letzte Woche habe ich im Fernsehen einen Arzt gesehen, der sich, nachdem bei ihm unheilbarer Lungenkrebs festgestellt wurde, entschied, keine Chemotherapie zu machen. Er wusste, dass ihm das vielleicht ein bisschen mehr Zeit kaufen würde, aber er wusste auch, wie furchtbar diese Behandlung seine letzten Tage machen würde. Später willigte er ein, einen Tumor auf seiner Wirbelsäule bestrahlen zu lassen, aber nicht, um sein Leben zu verlängern, sondern nur, um weiterhin beweglich zu bleiben. Diese Entscheidung kam mir sehr vernünftig vor. Ich möchte für mich in meiner Auseinandersetzung mit Krankheit und körperlichem Verfall gerne dieselbe Strategie anwenden. Ich will mich kundig machen, den Gewinn gegen den Verlust abwägen und dann entscheiden, was man behandeln lässt und was nicht.

In letzter Zeit denke ich öfter über das Altern und den Tod nach. Als ich sehr viel jünger war, gingen meine Gedanken über den Tod entweder in die romantische oder in die spekulative Richtung. In meinen Zwanzigern las ich mit wohliger Melancholie Keats Sonett „Befürchte ich, mein Leben könnte enden, bevor Papier hält, was mein Denken prägt" und stellte mir mein eigenes viel beweintes Ableben vor. In einer anderen jugendlichen Stimmung pries ich Dylan Thomas' Verfügung an seinen Vater „Geh' nicht sanft in jene gute Nacht", sondern „Zürn, zürn dem Dunkeln Deiner Sonne Pracht". Das erschien mir sehr prometheisch, als ich zwanzig war, und auch mit dreißig noch. Aber jetzt nicht mehr. Menschen in meinem Alter fühlen sich vielleicht als Sisyphus, aber nicht als Prometheus. Wir fühlen uns eher, als ob wir einen Felsbrocken den Berg hochrollen, als dass wir Feuer von den Göttern stehlen.

Trotzdem: Meine Vorstellung vom Tod als dem Ablegen für eine Reise habe ich noch nicht aufgegeben, auch wenn ich, wie gesagt, meine Erwartungen über das Fortbewegungsmittel, auf dem ich segle, heruntergeschraubt habe. Statt die Segel zu setzen, ist meine Mutter ganz einfach auf das Meer hinausgetrieben, von ihrer Vertäuung gelöst.

Was meine eigene Reise angeht, so fühle ich, dass es an der Zeit ist, anzufangen zu packen, oder doch wenigstens mit dem Waschen und Ausbessern meiner Sachen zu beginnen, die noch vor dem Auslaufen in Ordnung gebracht werden müssen.

Weil ich meine Mutter bei ihrem Verfall beobachtet habe,

weiß ich, dass ich vielleicht, bevor ich ablege, nicht nur meinen Körper, sondern auch meinen Verstand verlieren kann. Und in der Kluft, die sich zwischen diesen beiden Komponenten auftut, unter Umständen sogar mein Selbst – obwohl ich davon noch nicht völlig überzeugt bin.

Zum Ende hin lebte meine Mutter in einem andauernden halb wachen Zustand, unfähig, irgendeinen Gedanken zu artikulieren. Sie konnte nur durch Gesten oder einen Blick kommunizieren. Aber auch dann noch blieb etwas Wesentliches von ihrem Selbst bestehen. Und irgendwann ging mir auf, dass ich möglicherweise nur aus dem Grund da war, um dieses Selbst anzuerkennen und zu sagen: Ja, das ist meine Mutter.

Ich wollte sie mit dem Wissen trösten, dass sie sogar in ihrer letzten Zeit des Leidens mich noch Dinge gelehrt hatte. Sie hatte befürchtet, zu einer Last zu werden, und wurde doch zum Segen. Wo sonst als auf ihrer Bettkante hätte ich lernen können, was der Psalmist meint, wenn er bittet: „So lehre uns denn zählen unsere Tage, damit wir ein weises Herz erlangen!" (Psalm 90,12).

Sie ermöglichte es, dass ich mein kleines Boot für meine möglicherweise sehr harte Wegstrecke ausrüsten kann. Also eine praktische Hilfestellung; sie hätte sich ganz besonders darüber gefreut, noch so etwas vollbracht zu haben. Es ist ihr Leiden, das mir gezeigt hat, wie mir mein Verstand oder sogar meine Persönlichkeit durch Krankheit oder Verschleißerscheinungen genommen werden kann. Also hoffe ich, dass mein Herz die Weisheit erwirbt, mich selbst auszuhändigen und mein Herz voller Dankbarkeit meinem Ursprung zu überlassen und zurückzugeben.

Über so eine Aufgabe kann ich fast mit Freude und auf jeden Fall mit Neugier nachdenken. Und in dem Wissen, dass es leicht den Rest meiner Tage ausfüllen könnte, diese Weisheit zu erwerben, fange ich am besten gleich damit an. Meinen Wunsch danach, mein ganzes Herz an diese Aufgabe zu setzen, und mein Selbstvertrauen es zu versuchen, verdanke ich meiner Mutter und ihrer Mütterlichkeit – ein Privileg, das sie als Waise nie hatte.

Als ein Freund Leon Wieseltier fragte, warum er für seinen Vater – immerhin ein Mann, mit dem Wieseltier nach eigenen Angaben „nicht im Reinen“ war – Kaddisch sagte, antwortete er: „Weil es meine Pflicht meinem Vater gegenüber ist. Weil es meine Pflicht meiner Religion gegenüber ist. Das sind die guten Gründe, die unpragmatischen, nichttherapeutischen Gründe. Weil es schwieriger für mich wäre, nicht Kaddisch zu sagen. Ich würde mich selbst verachten. Weil die Erfüllung meiner Pflicht die Erinnerung an meinen Vater unverstellt von Bedauern und ungetrübt von Schuld hält.“

Wenn die Vergangenheit uns überhaupt etwas bedeutet, wenn wir die Erinnerung an die Menschen, die wir lieben und die doch unweigerlich sterben werden, aufrechterhalten wollen, müssen wir aufpassen, das Wasser nicht trübe werden zu lassen. Pflichterfüllung klart das Wasser auf.

Nachdem meine Mutter tot war, wollte ich keine nächtlichen Stimmen in meinem Kopf herumspuken hören und meine Tage verdunkeln lassen. Wie Wieseltier wollte ich die Erinnerung an meine Mutter unverstellt von Bedauern und ungetrübt von Schuld halten. Und wie Wieseltier finde ich die zeitgenössische Version von Trauertherapie zu pragmatisch, um uns wirklich zu helfen. Er glaubt, dass wir stattdessen eine ganz und gar unpraktische, formelle Handlung brauchen, um nach dem Leiden den großen Verlust zu spüren, eine Art Ritual. „Damit Therapie Erfolg hat“, sagt er, „muss sie unpraktisch sein. Sie muss sich auf das Ideal beziehen.“ Und deshalb hatte er angefangen, Kaddisch für seinen Vater zu sagen.

Dieses Gebet (benannt nach dem aramäischen Wort für „heilig“) erwähnt die Toten gar nicht. Es besteht nur aus ein paar Worten, die Gottes Namen heiligen, und wird regelmäßig in der Synagoge gesprochen, um einen Teil des Gottesdienstes abzuschließen. Die Tradition, dass Söhne für ihre Väter Kaddisch sagen, entstand im Mittelalter. Es ist kein Akt privater Frömmigkeit, den man geschützt im eigenen Haus durchführen kann. Der Sohn muss ein Jahr lang jeden Tag am Gottesdienst der Synagoge teilnehmen – der allein schon die Anwesenheit eines Minjan, einer Betgemeinde von mindestens zehn mündigen Juden verlangt.

Dass er eine Aufgabe begann, die Außenstehenden lächerlich vorkommen musste, schien auch Wieseltier manchmal absurd, vor allem in den Zeiten, wenn er unterwegs war und in fremder Umgebung ein Minjan auftreiben musste, um seiner Verpflichtung nachzukommen. Und trotzdem war gerade die Umständlichkeit, die rationale Unsinnigkeit der Handlung wenigstens teilweise genau das Entscheidende. Er musste sich eben Umstände machen.

Gebet ist, vor allem für eine Protestantin wie mich, oft zu vergeistigt, nur eine Funktion des Gehirns oder, was auch nicht besser ist, nur des Herzens. Aber Wieseltier vergleicht Beten lernen mit Tanzen lernen. Durch ausdauerndes Üben gehen dem Tänzer die Schritte in den Körper über, sodass er nicht mehr über die Bewegungen nachdenken muss. „Über Tradition nachzudenken ist nicht dasselbe wie eine Tradition auszuleben“, sagt er. Wenn man mit dem Körper ein Ritual ausführt, weist es über den Körper hinaus. „Das höchste Ziel des Studiums ist nicht das Studium. Das höchste Ziel von Bewegung ist nicht Bewegung. Das höchste Ziel des Judaismus ist nicht der Judaismus.“

Was das höchste Ziel ist, sagt Wieseltier nicht. Ich werfe es ihm nicht vor; schließlich hat er sich dem Glauben seines Vaters nach Jahrzehnten der Verstimmung gerade erst so weit angenähert, um wieder mit ihm zu tanzen.

Wieseltier plädiert dafür, unpraktisch zu sein, was den Tod angeht. Die Lebenden brauchen die sichtbare Erinnerung an den Tod. Wenn wir nur auf Bequemlichkeit und saubere Abläufe bedacht sind, schmälern wir die Ehre, die wir den Toten erweisen. So eine Zeremonie sollte ein Aufwand sein, Zeit in Anspruch nehmen, unser Leben unterbrechen.

Hier in Texas sah man früher Leichenzüge, die sich gemächlich über die Friedhöfe der Stadt oder der abgelegenen Dörfer schlängelten. Die motorisierten Bürger fuhren dann an den Straßenrand und warteten, mit bedecktem Kopf, bis die Prozession feierlich vorübergezogen war. Es gab uns allen Zeit und Grund, über die Sterblichkeit nachzudenken. Man sieht so etwas heute nur noch selten. Das ist ein Verlust für uns.

Meine beiden Töchter haben zusammen sechs Kinder. Durch unsere drei Generationen von Körpern läuft buchstäblich ein Strang von Botschaften, eingraviert in der elegantesten aller Schriftarten, der Desoxyribonukleinsäure. Diese Kette, diese Leiter, dieser Lebensstrom – egal welche Metapher Sie dafür wählen – trägt die Briefe der Toten zu den noch Ungeborenen. Was sagen sie? Was soll in meiner Botschaft, die an diese Kette geheftet wird, stehen?

Nur dies: Menschen zu lieben, das ist eine echte Last. Wäre die Liebe nicht in sich und aus sich selbst heraus das Zentrum, aus dem das Leben strömt, wäre sie nicht, wie Dante sagt, die Macht, die die Sterne bewegt – wie könnten wir so eine Last dann tragen?

Und doch: Die Liebe ist das Einzige, was Bestand hat. Wie das meiste von Gottes Schöpfung ist sie zweischneidig. Ihr Same mag in uns hineingelegt sein, sie mag als Instinkt beginnen – aber letzten Endes ist die Liebe eine Wahl. Und das muss für freie Lebewesen auch so sein. Sie ist nicht zu trennen von unserer Freiheit, das Leben zu wählen.

An alle noch ungeborenen Babys, die die besonderen Schriftzüge meiner Mutter in ihren Zellen tragen werden, an diese Kinder sende ich die wahrsten Worte, die ich kenne und die sie gelebt hat: *Nehmt diese Last auf euch, öffnet euch diesem Segen, bewegt die Sterne.*

Anmerkungen

1 Paul Hogue, Leiter des Harvard Generation Policy Programs 2005 vor dem US-Kongress bei einer Konferenz über die Bevölkerungsentwicklung.

2 Leon Wieseltier, *Kaddisch*, München: Hanser, 2000.

3 Antonio Damasio, *Ich fühle, also bin ich: die Entschlüsselung des Bewusstseins*. München: Ullstein, 2002.

Birgitta Andersson

Am Ende des Gedächtnisses

... gibt es eine andere Art zu leben

Agneta Ingberg, 58:
Mein Leben mit Alzheimer

128 Seiten, Gebunden,
ISBN 978-3-7655-1947-5

Agneta Ingberg ist 58, als sie die Diagnose Alzheimer bekommt. Jetzt weiß sie, warum sie manchmal etwas vergisst, nicht mehr mit der U-Bahn zurechtkommt oder einfach nicht die richtigen Worte findet. Sie erlebt Angst und Scham, kämpft aber tapfer und mit Humor. Muss ihr die Krankheit peinlich sein? Gibt es wirklich keine Therapie?

Birgitta Andersson beschreibt einfühlsam das Leben ihrer Freundin Agneta in der Zeit vor und nach der Diagnose. Eine traurige und doch warme und hoffnungsvolle Geschichte ...

Véronique van den Abeele

Meine Oma hat Alzheimer

32 Seiten, Gebunden,
vierfarbig illustriert
ISBN 978-3-7655-5562-6

„Was ist nur mit Oma los?“, fragt sich Paula besorgt. Plötzlich bringt sie Namen durcheinander, stellt ihren Schuh in den Kühlschrank und tut andere verrückte Dinge. Macht Oma Spaß? „Nein, deine Oma ist krank“, sagt der Arzt. „Sie hat Alzheimer.“ „Alzh... was?“, fragt Paula. Was auch immer es sein mag: Paula hält zu ihrer Oma und hilft ihr.